MORELIANO
memorias de un verano

GENARO MACÍAS

A mis padres y hermanos, por su eterno amor y apoyo en cada paso que doy en mi vida. Todo lo que hago es por y para ustedes, gracias por creer en mí.

ÍNDICE

PRÓLOGO	09
HOY SÍ, MAÑANA NO	11
AFÉRRATE A LA VIDA	23
PILAR	39
MÉXICO LINDO Y QUERIDO	55
¿ME ACOMPAÑAS?	73
TE VEO	85
DETRÁS DE TI	99
PACHAMAMA	113
LUZ EN LA OSCURIDAD	125
VENTANA DEL ALMA	141
ESTÁS DONDE DEBERÍAS	155

PRÓLOGO

La aventura ha culminado, los recuerdos persisten como cicatrices marcadas en la piel, aún están frescas. Duele voltear atrás, mirar fotografías o hablar del tema, no logro controlar mi mente, sin pedirme permiso logra traer a mi memoria lo antes vivido, le gusta toquetear las heridas, no logra comprender que, duele...

En este libro plasmo por medio de la fotografía, a una manera amateur y sin el objetivo de hacer de esto alguna guía o clase de catálogo de visita, sino desde mi corazón y sentimientos; son los bellos momentos que lograron acompañarme durante mi verano viviendo en Morelia, Michoacán.

Viví y habite con mucho amor esta ciudad, una hermosa ciudad que me abrió sus puertas y me apapachó por medio de su bellísima cantera rosa, fachadas históricas, monumentos, su gente tan cálida, la gastronomía, música y más maravillas que adornan esta ciudad. Durante este viaje también me acompañaron mis audífonos y sus melodías, artistas que admiro como Lila Downs, Eugenia León, Natalia Lafourcade, Chavela Vargas, Mercedes Sosa, entre otras más, sonaban mientras vagaba por la ciudad o encuadraba la cámara para un retrato. Me gustaría añadir que estas fotografías fueron tomadas con un teléfono celular.

En mi camino se cruzaron almas puras y bondadosas, las cuales siempre tendrán un enorme espacio en mi corazón, estas almas no solo me abrieron las puertas y ventanas de su vida, sino también de sus hogares y familias, me acompañaron en este proceso donde llegué a la ciudad sin conocer nada ni a nadie. Tuve la oportunidad de conocer otros lugares de Michoacán que se encuentran alrededor de la ciudad, por lo que decidí incluir algunas fotografías de estos pintorescos y bellos lugares.

Es la primera vez que me encuentro fuera de casa, del lugar que me vio crecer. La melancolía y el deseo de devorarme el mundo se han transformado en fotografías y poemas que aquí me permito develar. Las imágenes de una ciudad que le dio luz a mi vida, apagándola después, un 10 de agosto del año 2022, el día que he partido de regreso... ¿a casa?

HOY SÍ, MAÑANA NO

Los ojos tristes,
son testigos de la injusticia.
El abandono y la soledad
parecen ser, la mano derecha
del tiempo. Tratamos
constantemente de buscar
belleza en el caos,
para sanar, nuestra pena.

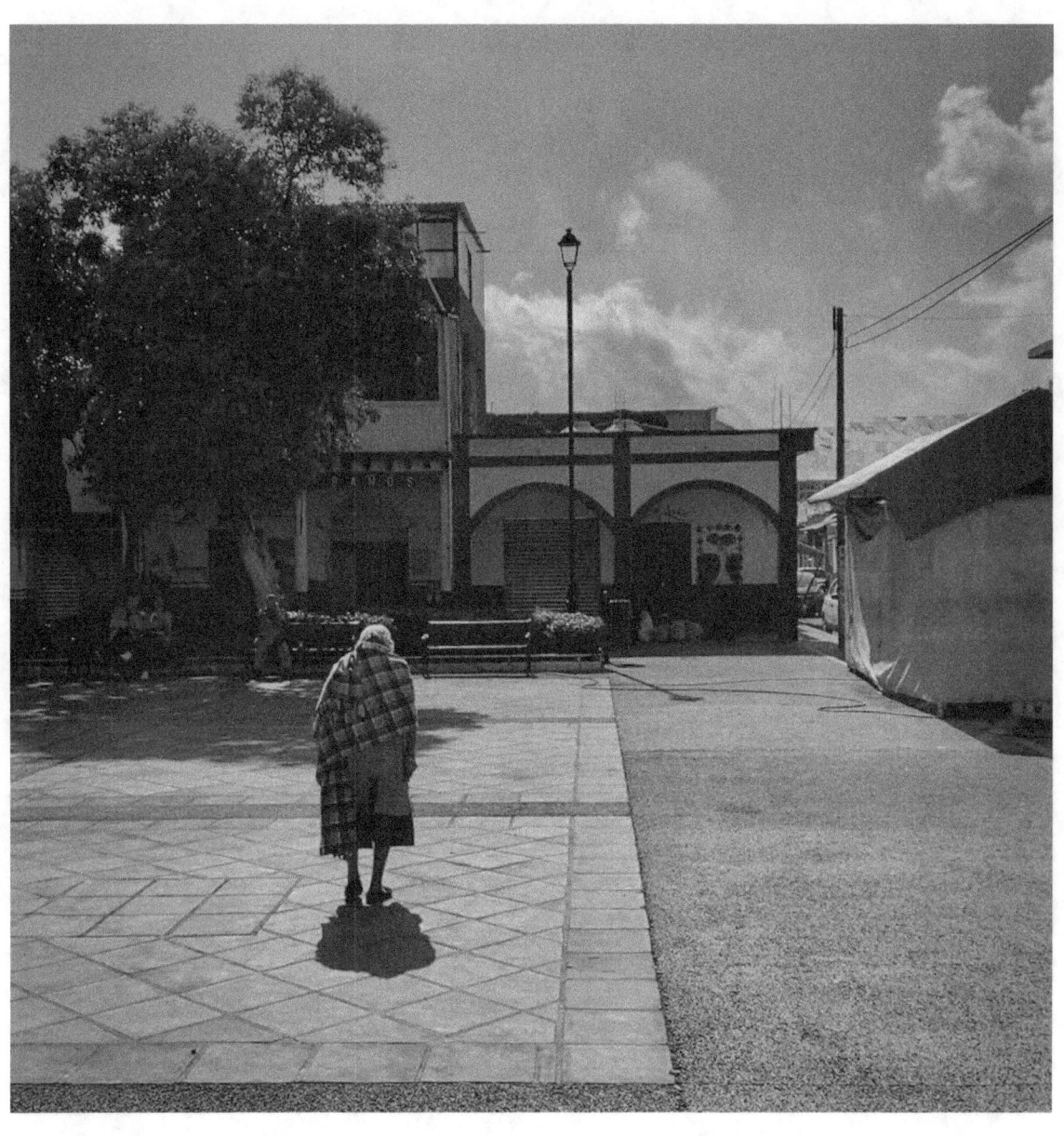

Sin título. Capula, Michoacán

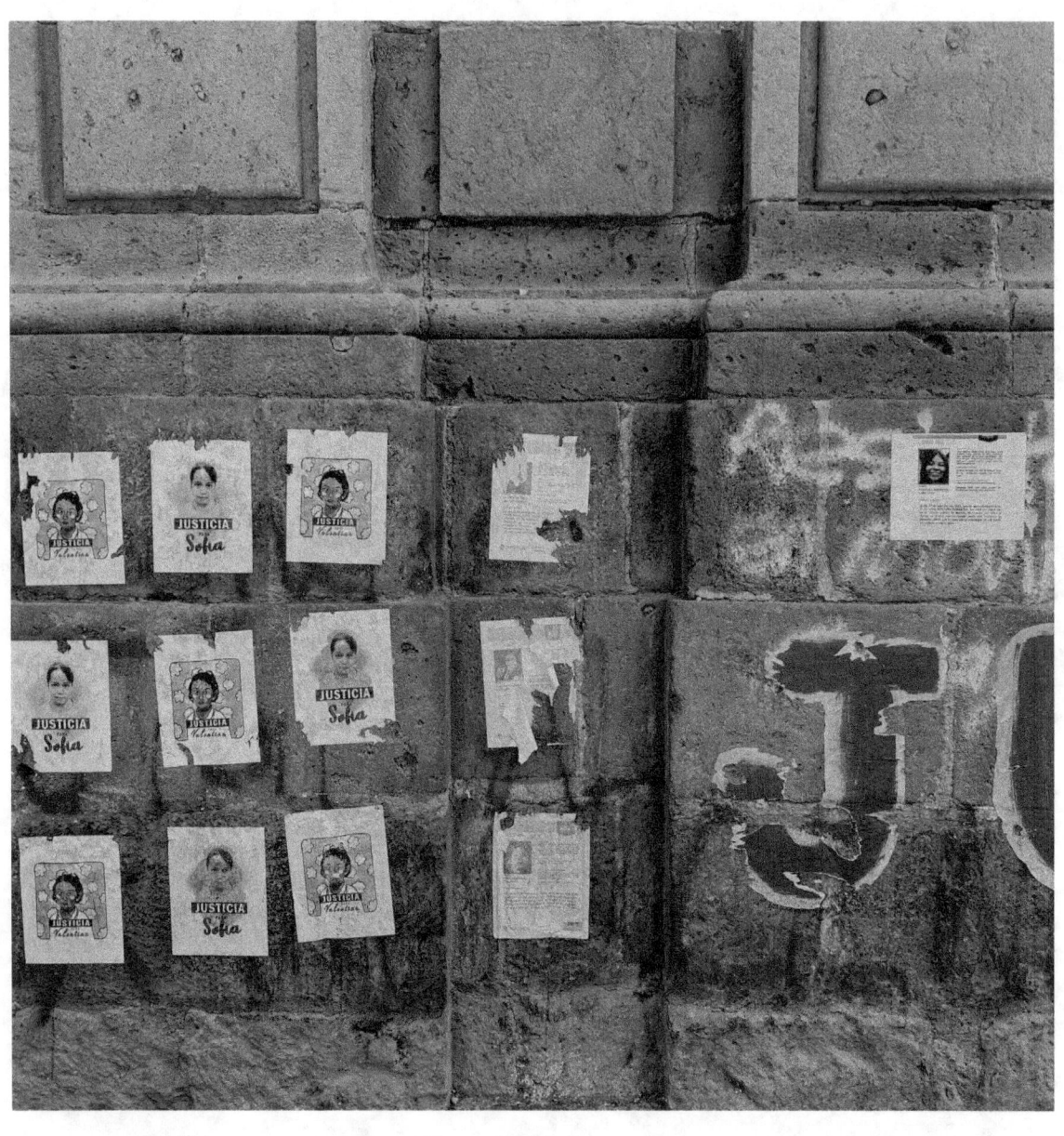

Un grito de justicia. Morelia, Michoacán

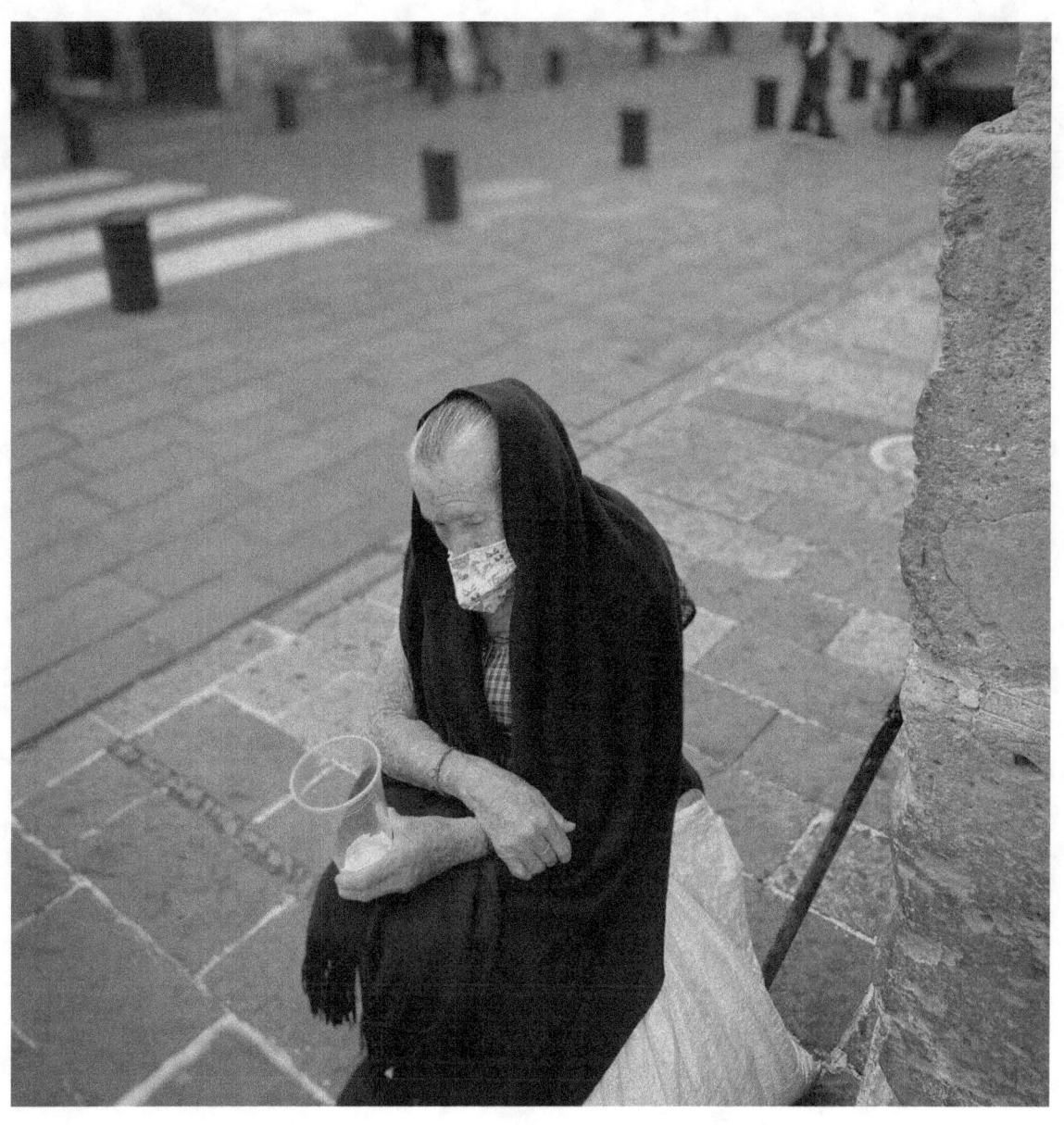

Sin título. Morelia, Michoacán

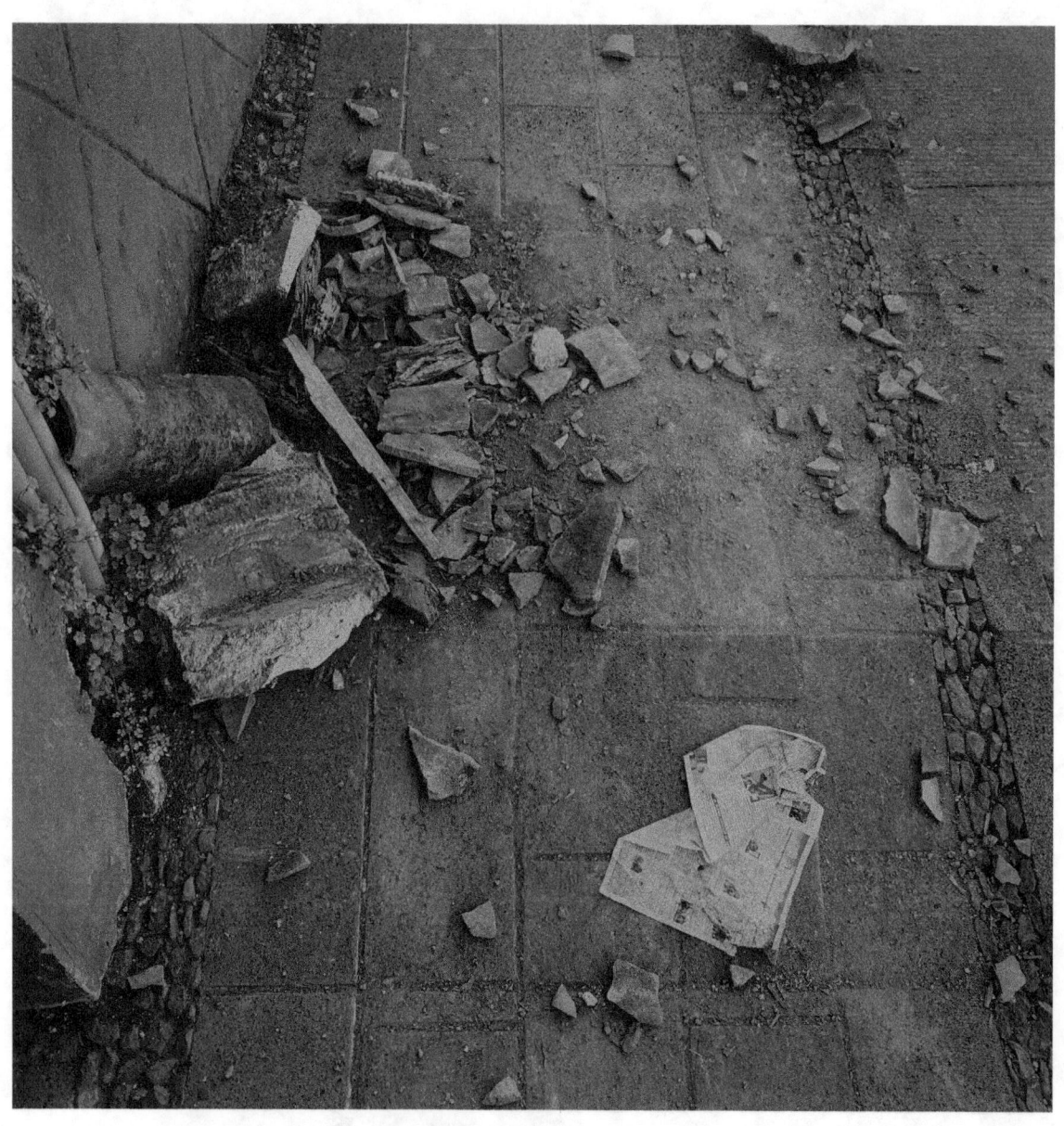

Sin título. Pátzcuaro, Michoacán

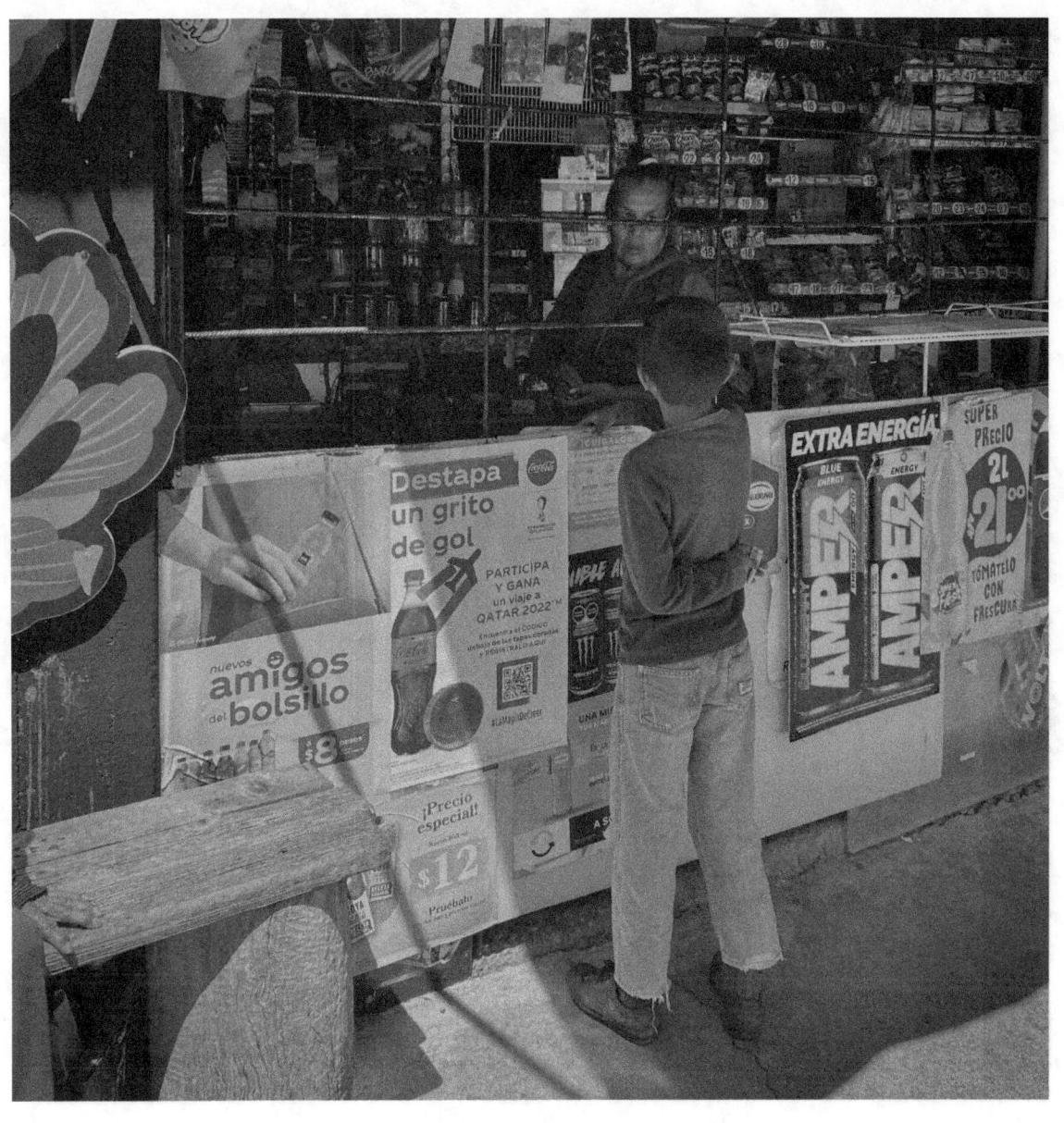

¿Para que me alcanza? Capula, Michoacán

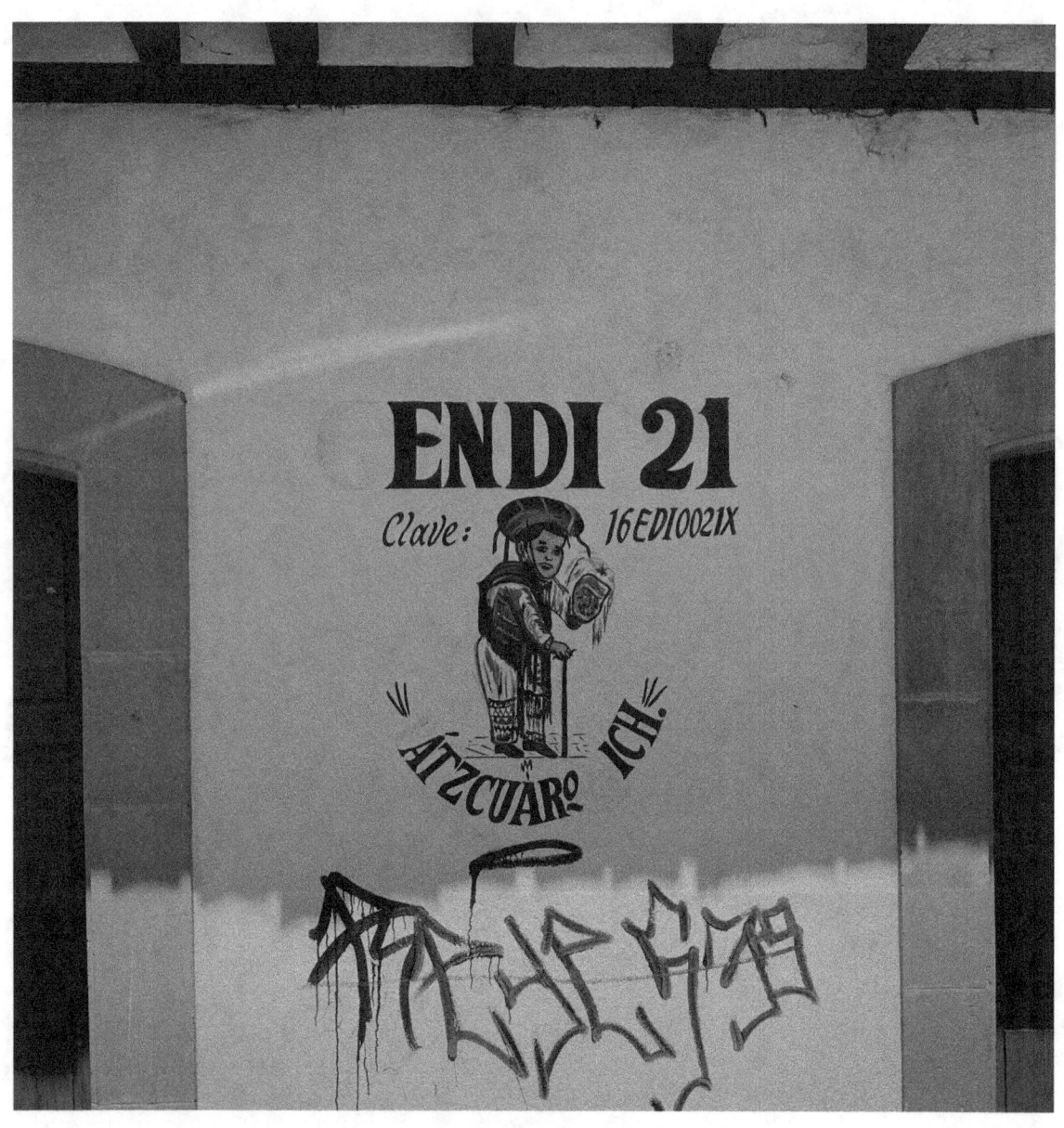

Sin título. Pátzcuaro, Michoacán

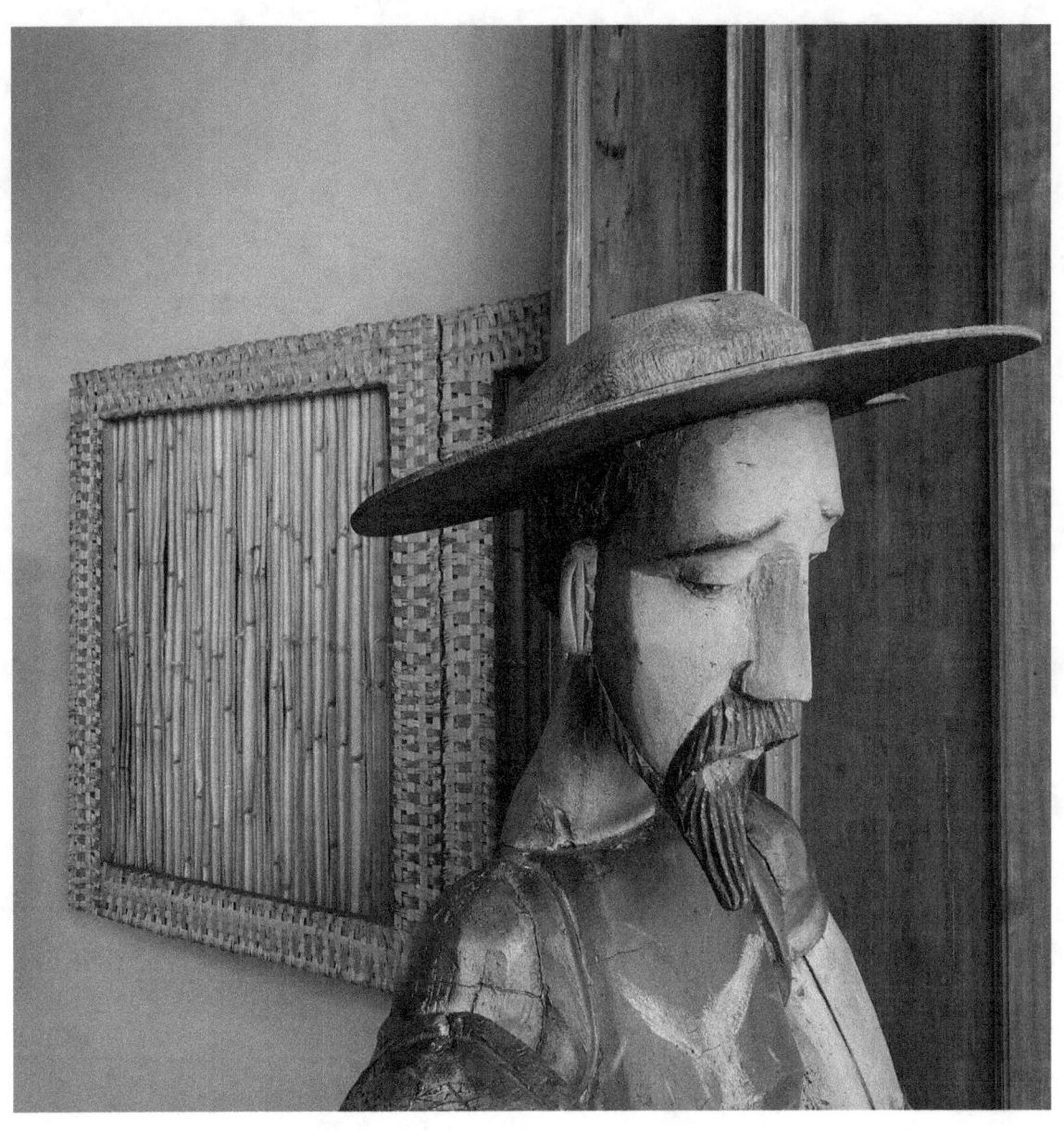

Sin título. Morelia, Michoacán

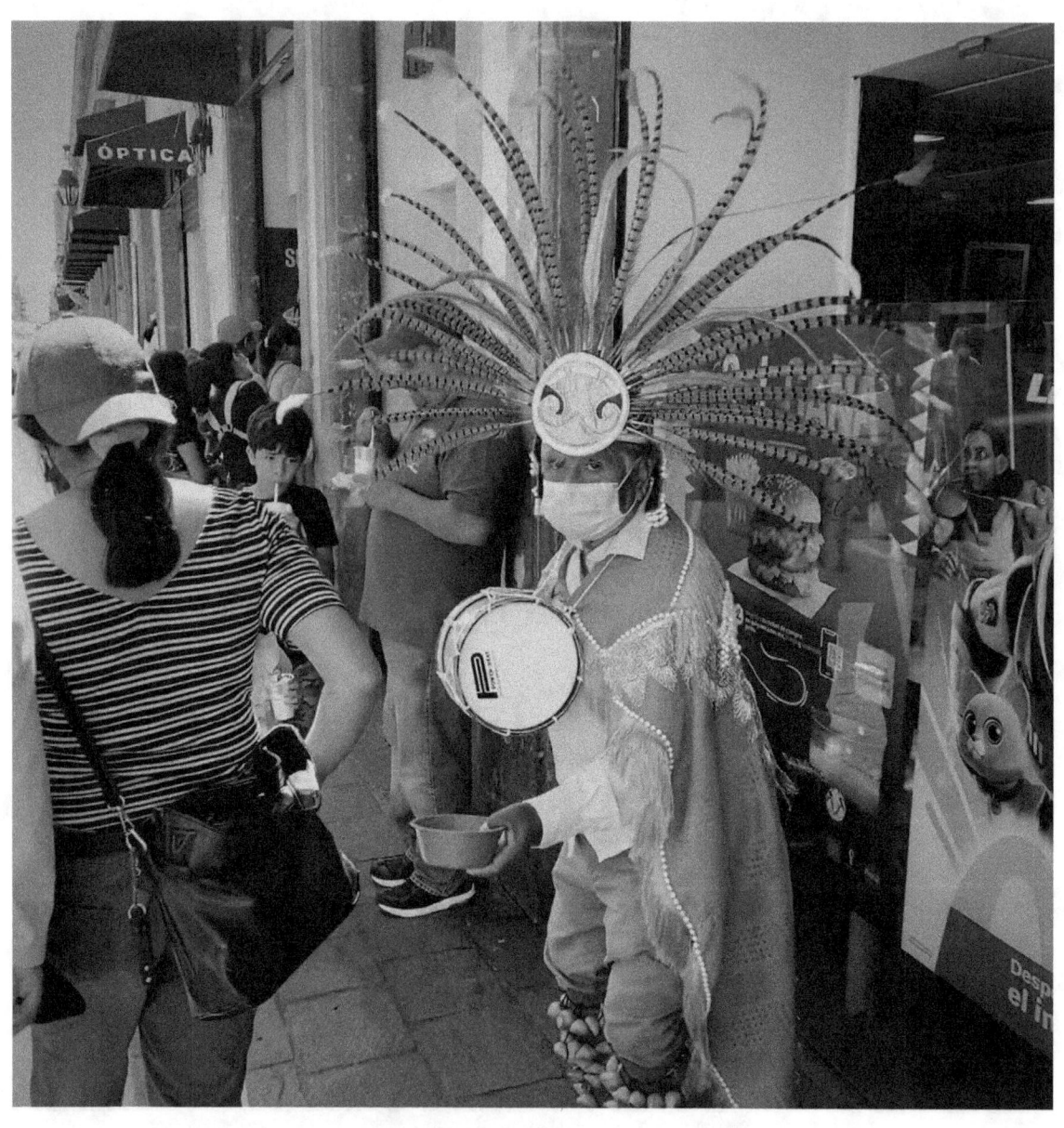

Sin título. Morelia, Michoacán

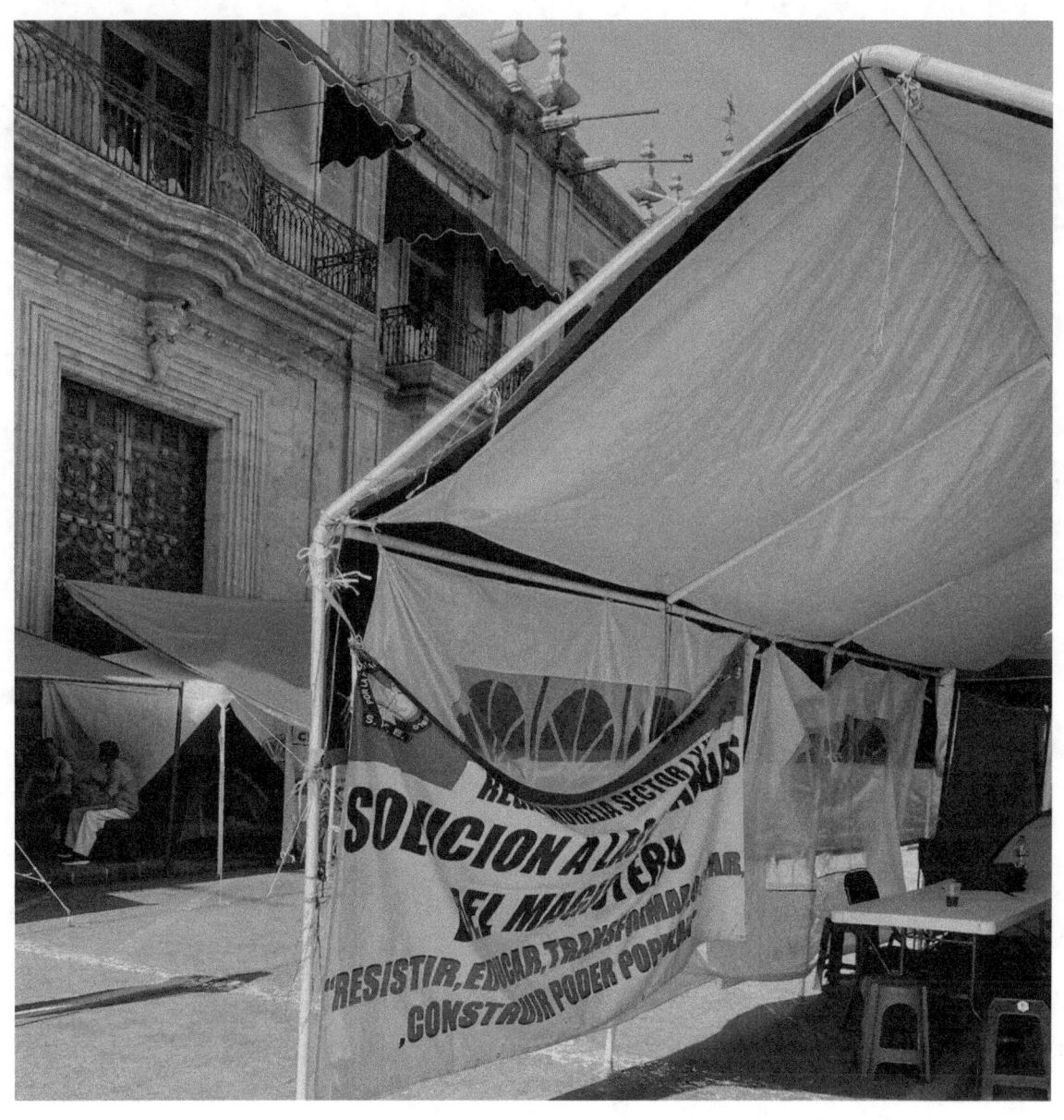

Nadie escucha. Morelia, Michoacán

AFÉRRATE A LA VIDA

Historia antigua, tradición fuerte.
Memorias que guardamos con amor;
son el legado de lo antes vivido.

De generación en generación,
las costumbres y tradiciones se
desangran las uñas, intentando no caer.

Nuestras memorias se vuelven tesoros,
que guardamos en el corazón.

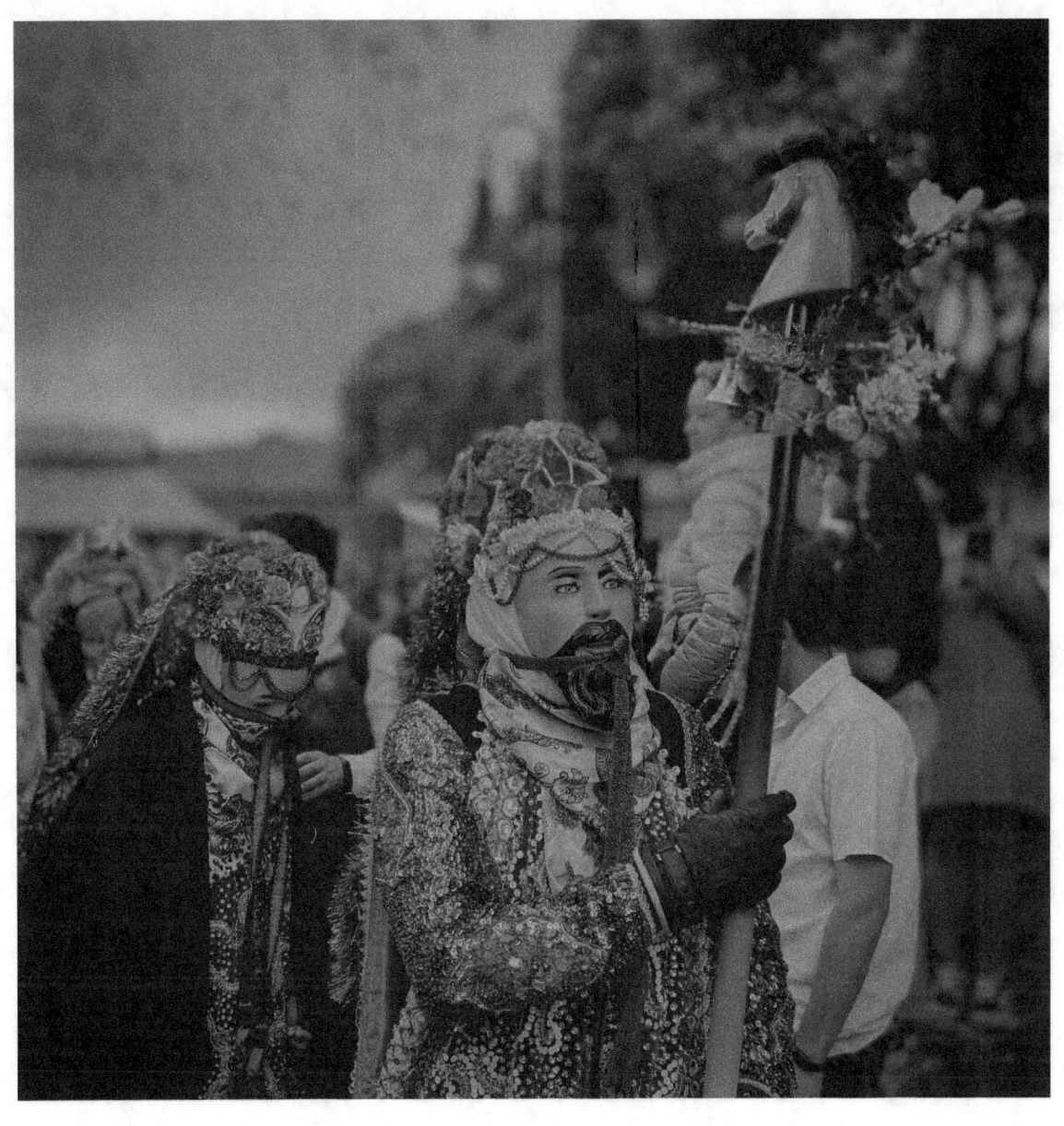

Sin título. Santa Clara del Cobre, Michoacán

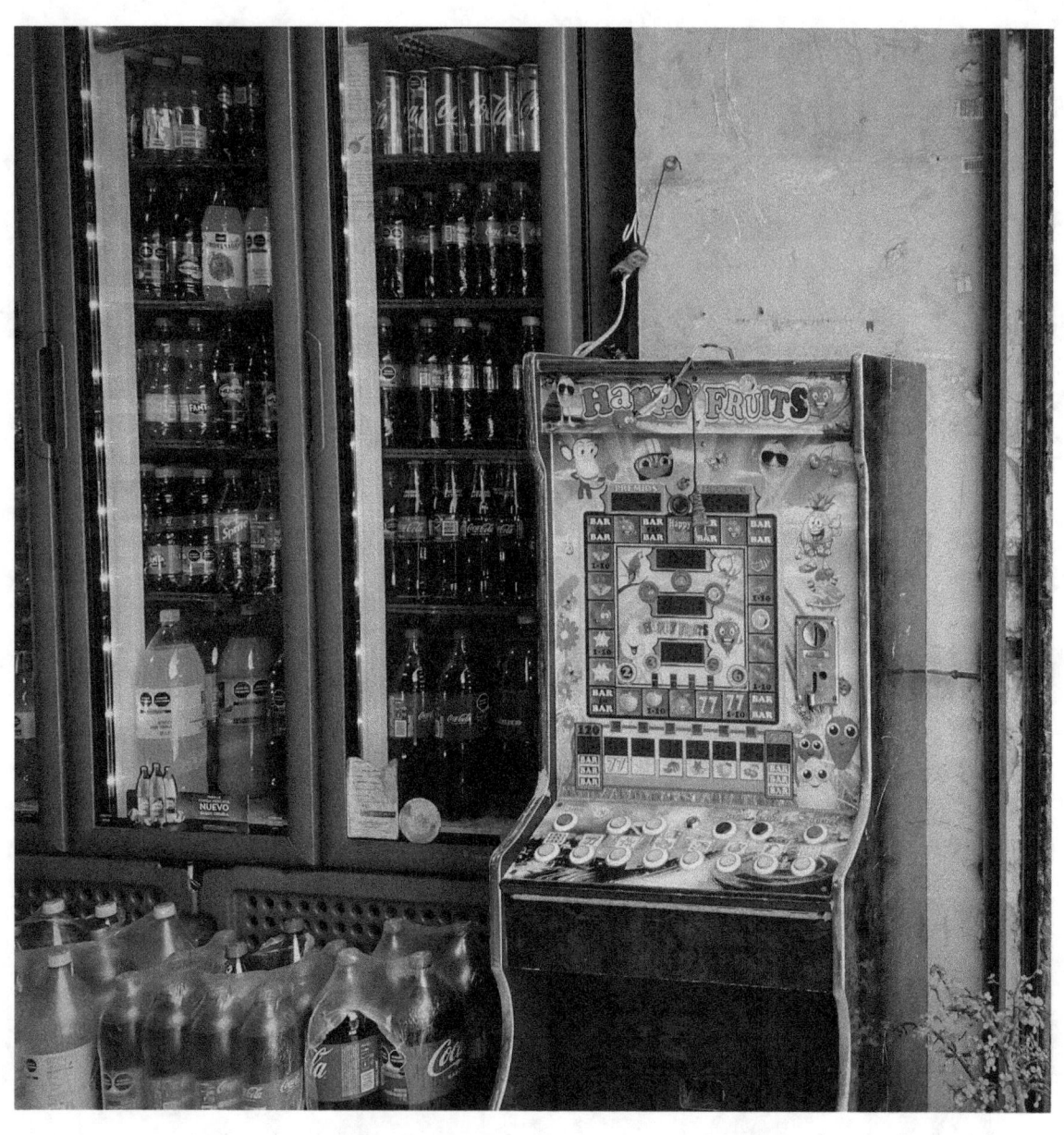

¿Cuánto te sobró? Morelia, Michoacán

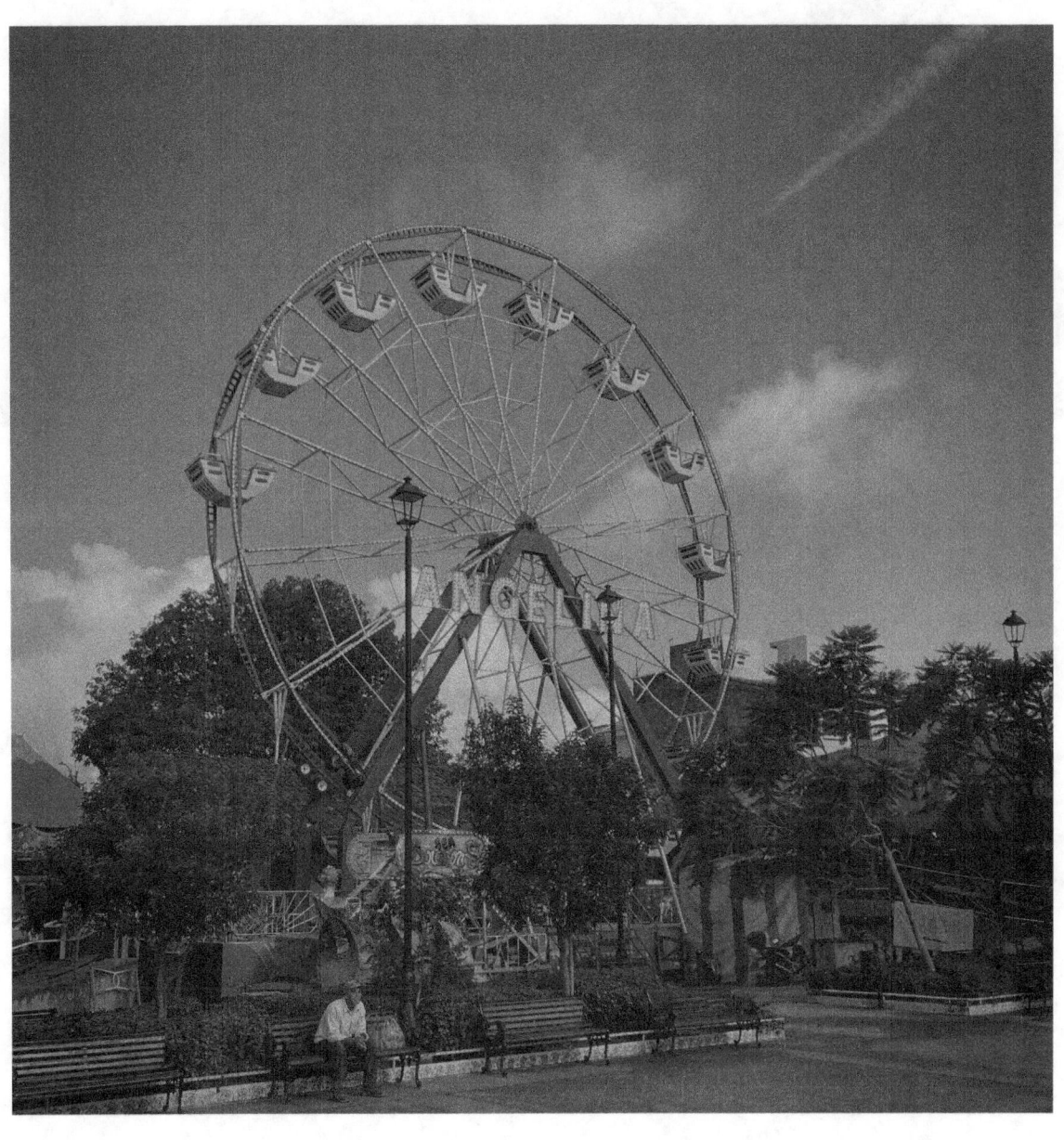

Sin título. Capula, Michoacán

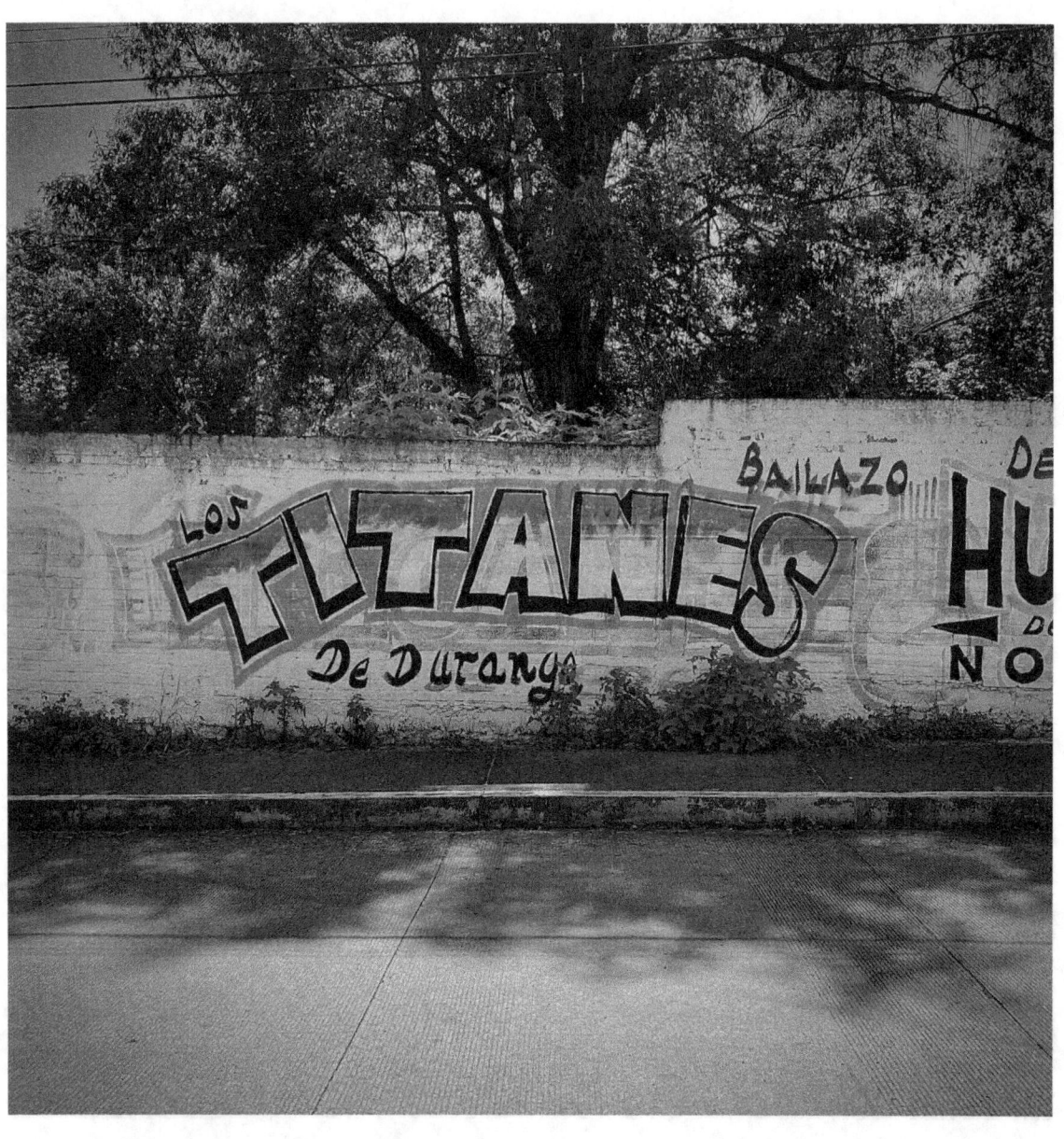

Sin título. Pátzcuaro, Michoacán

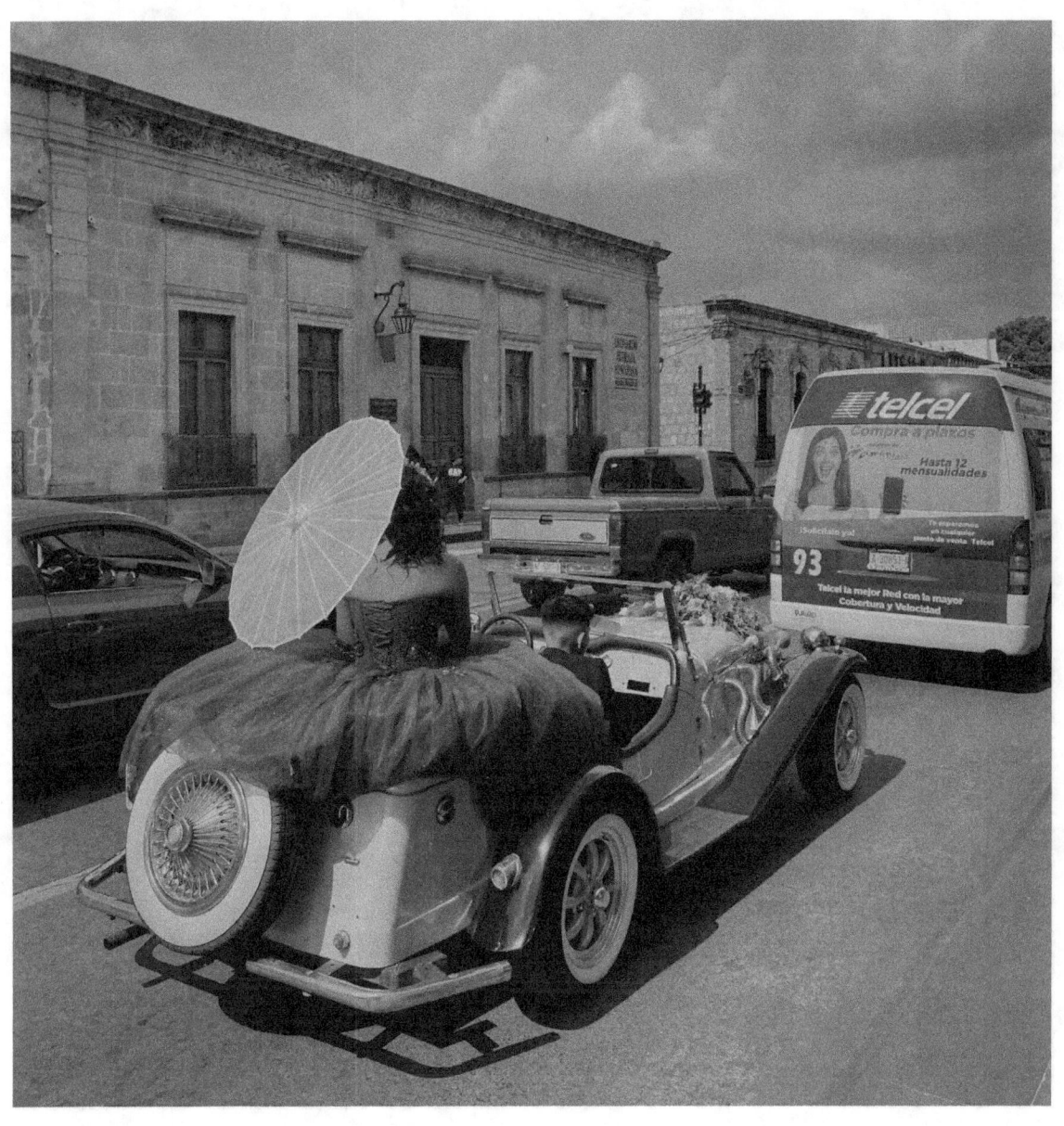

De niña, a mujer. Morelia, Michoacán

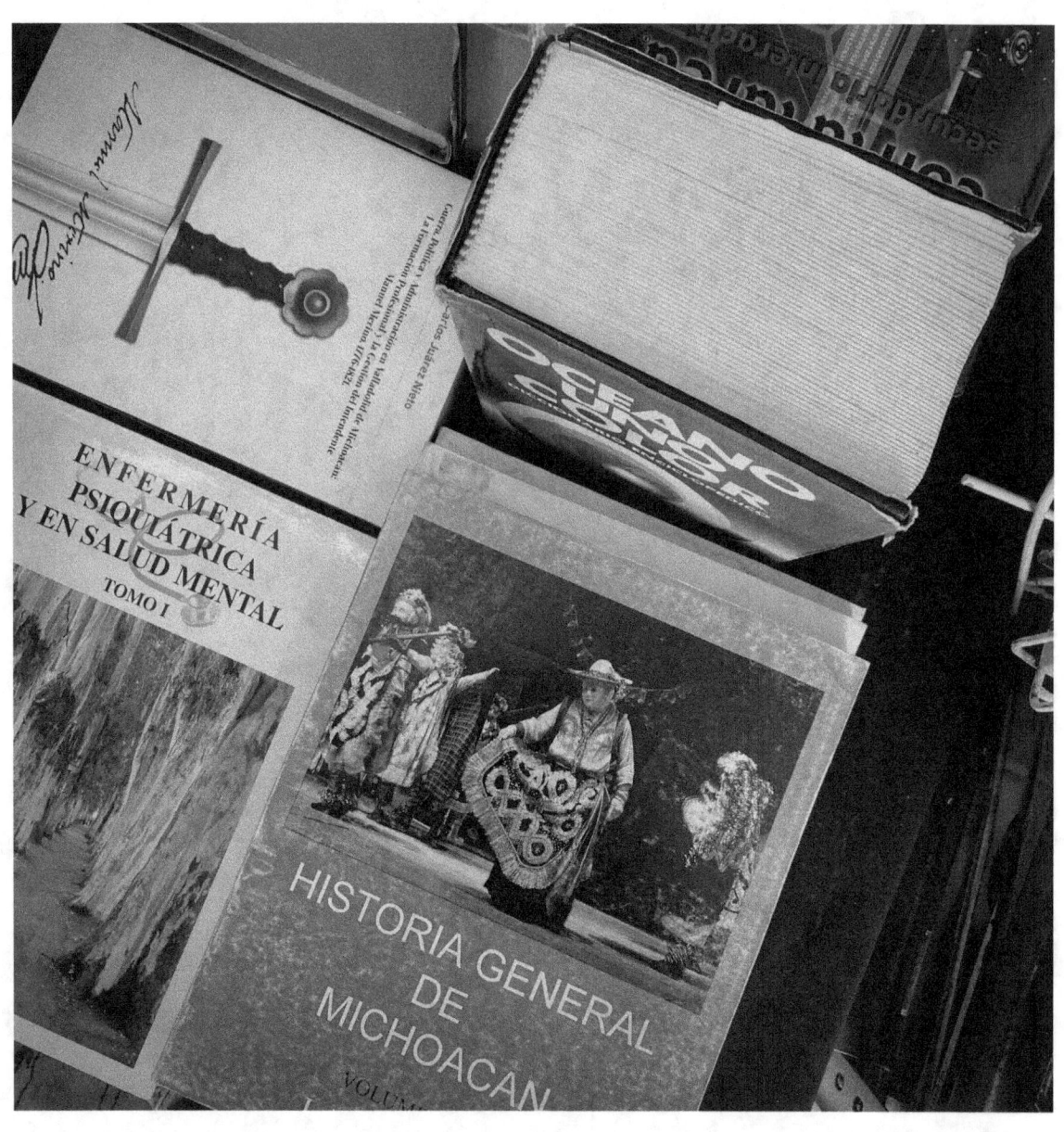

Sin título. Morelia, Michoacán

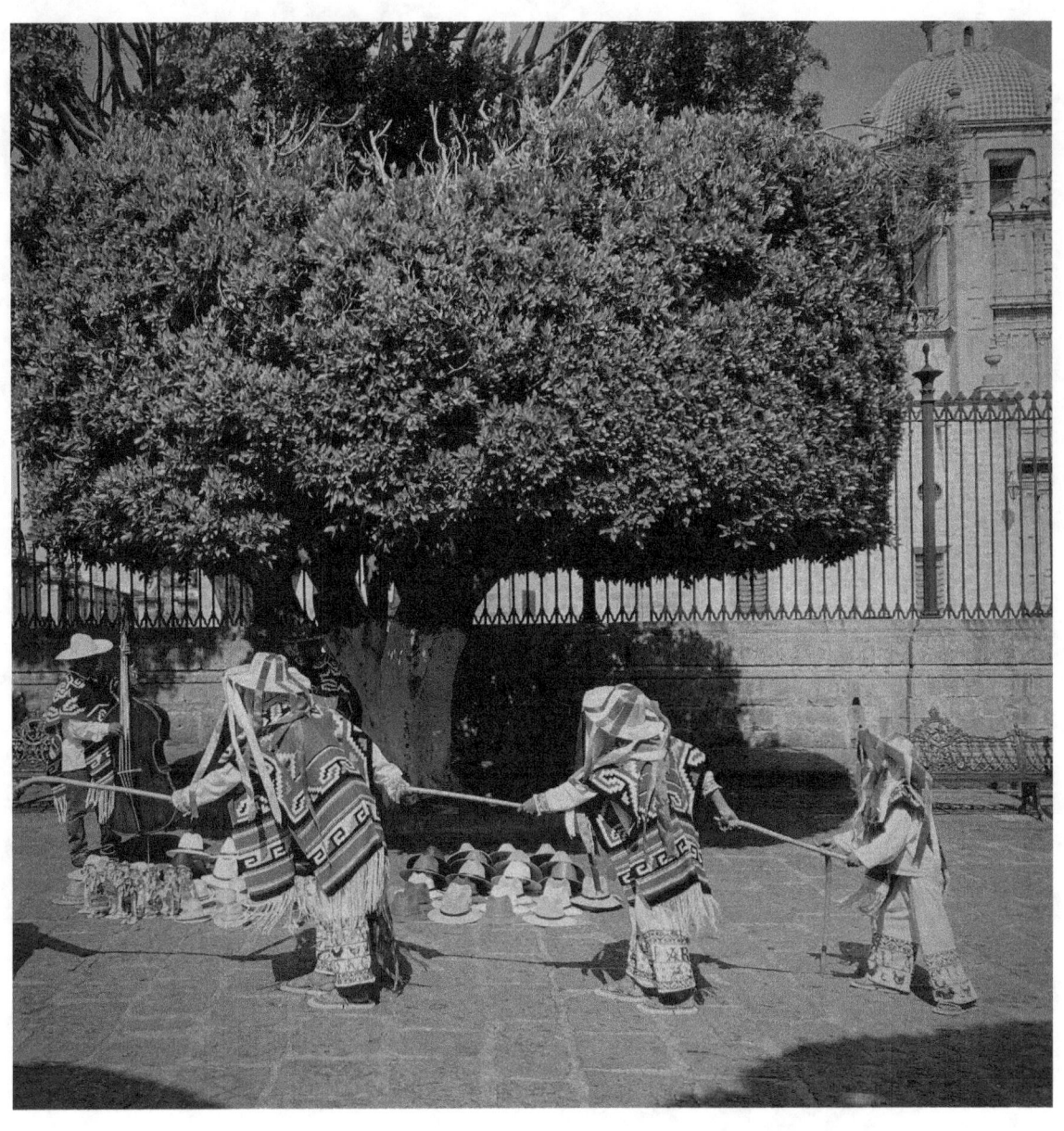

Danza de los Viejitos. Morelia, Michoacán

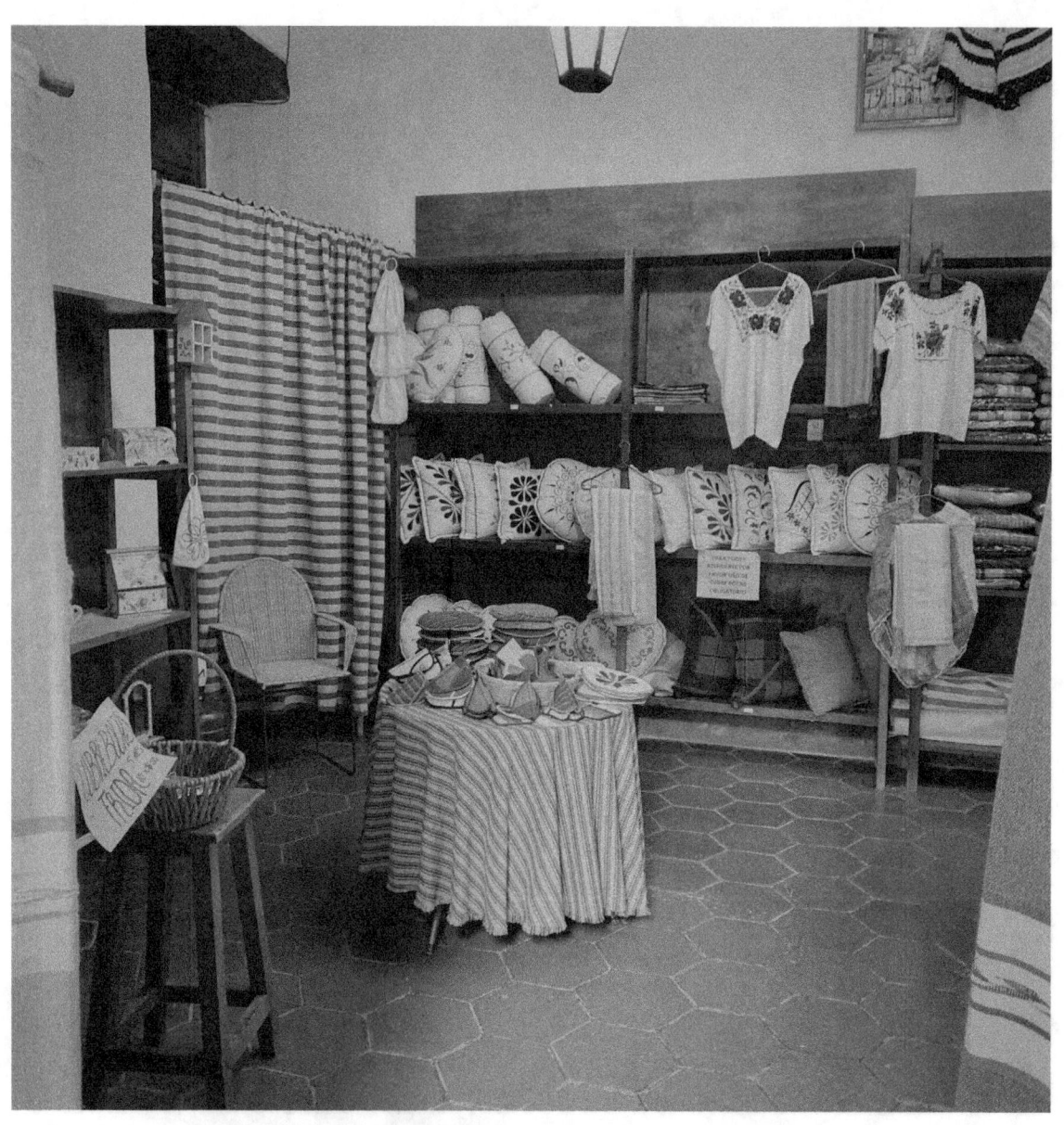

Sin título. Pátzcuaro, Michoacán

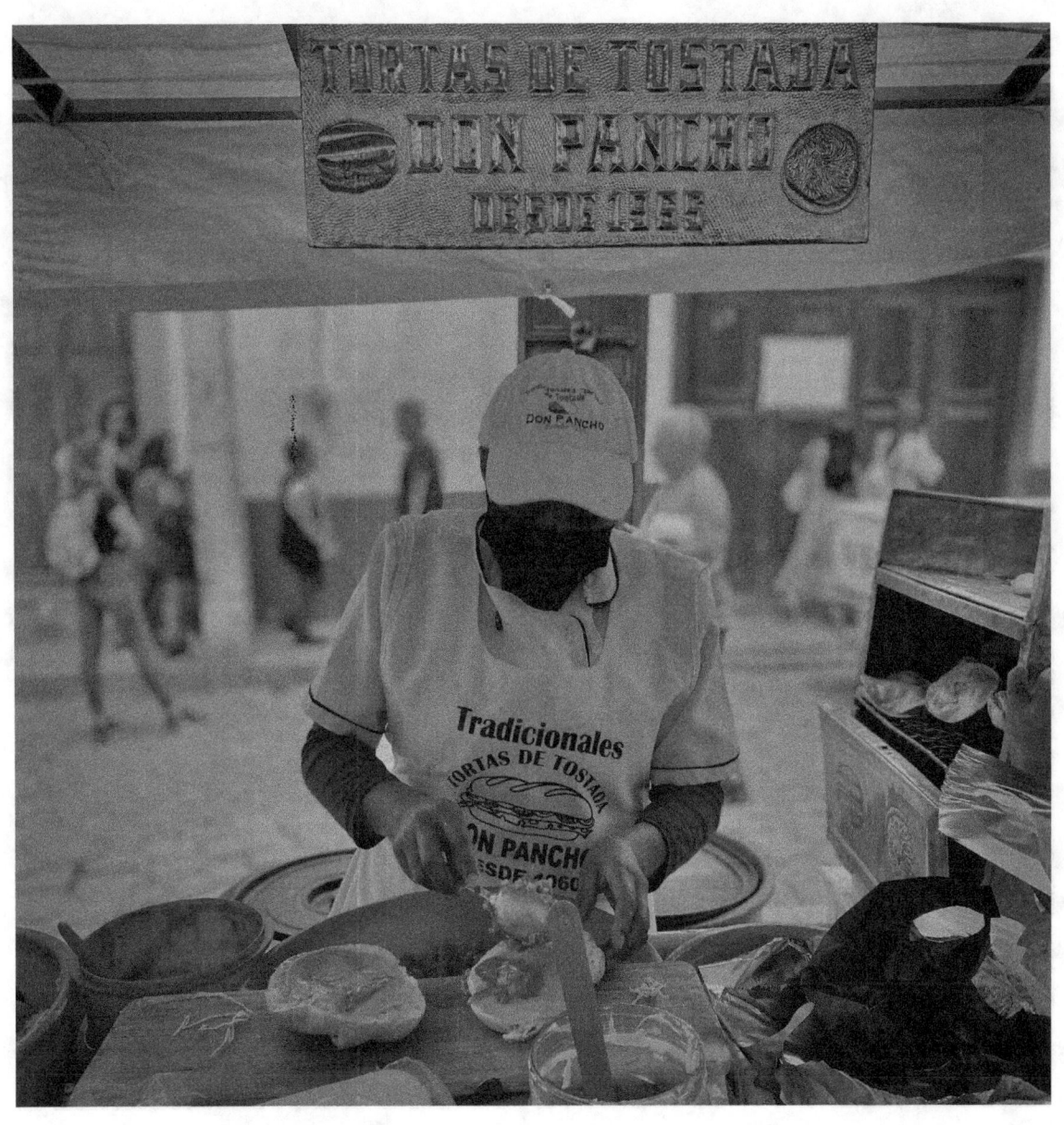

Sin título. Santa Clara del Cobre, Michoacán

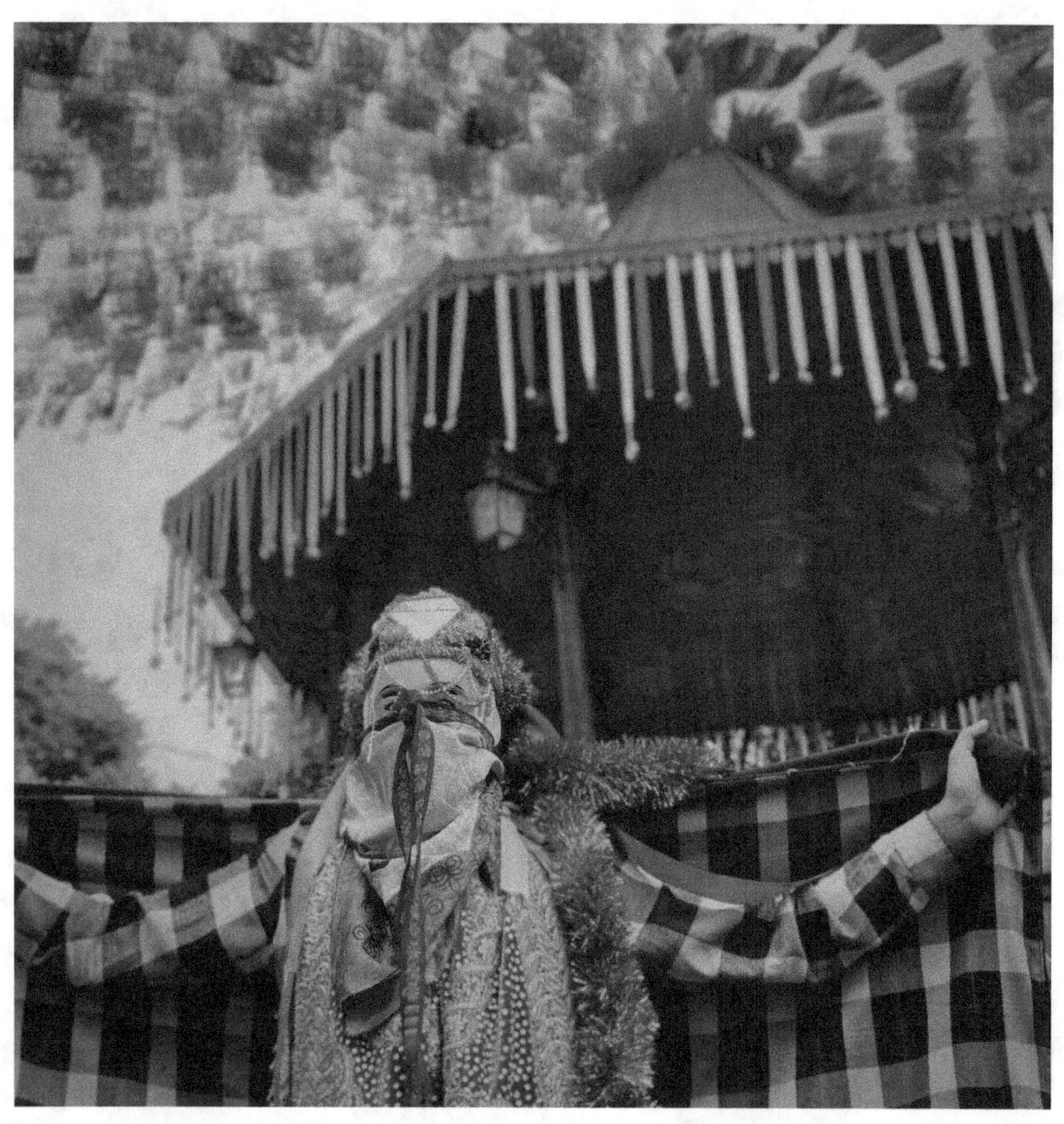

Sin título. Santa Clara del Cobre, Michoacán

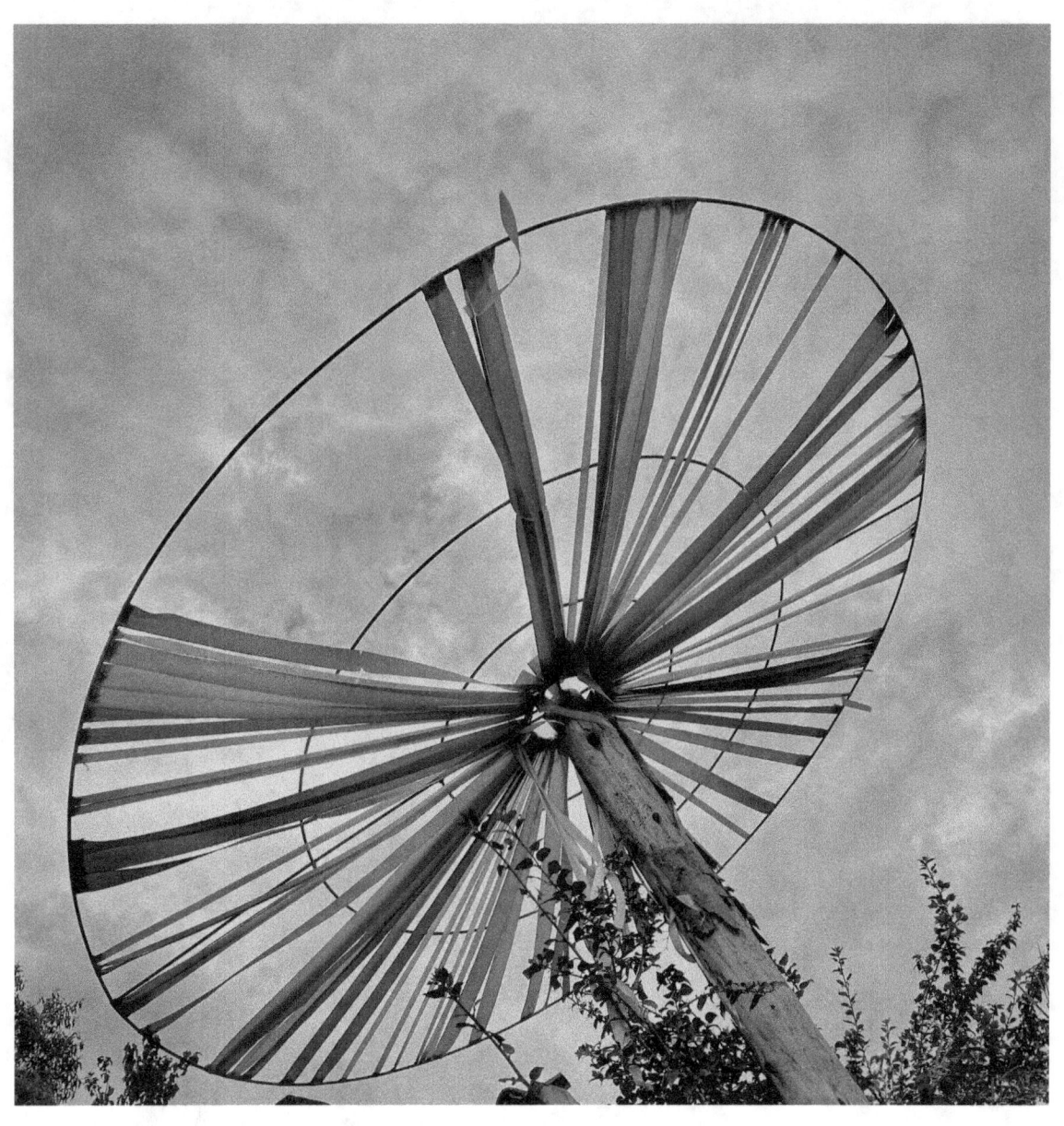

Sin título. Pátzcuaro, Michoacán

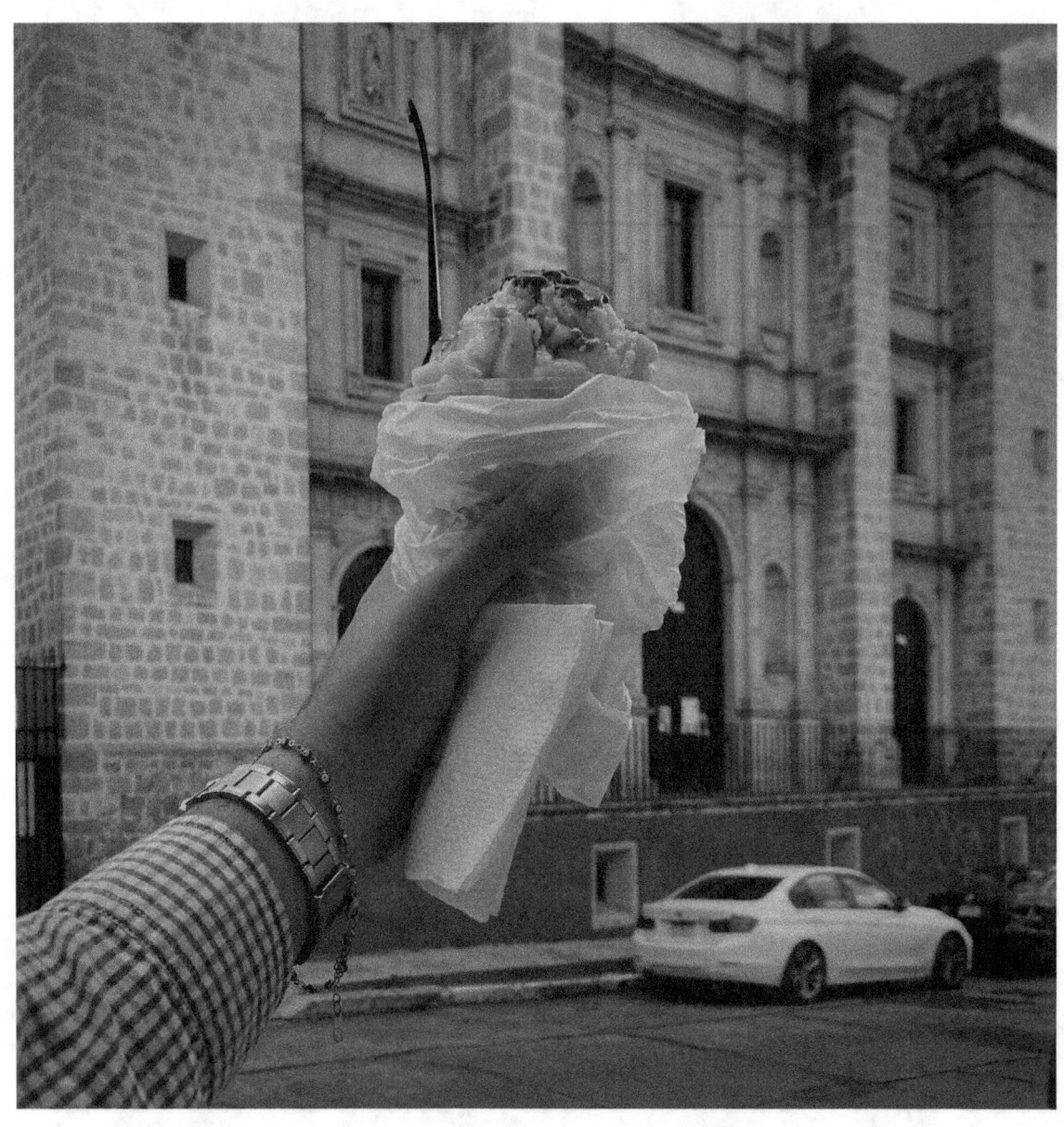

Sin título. Morelia, Michoacán

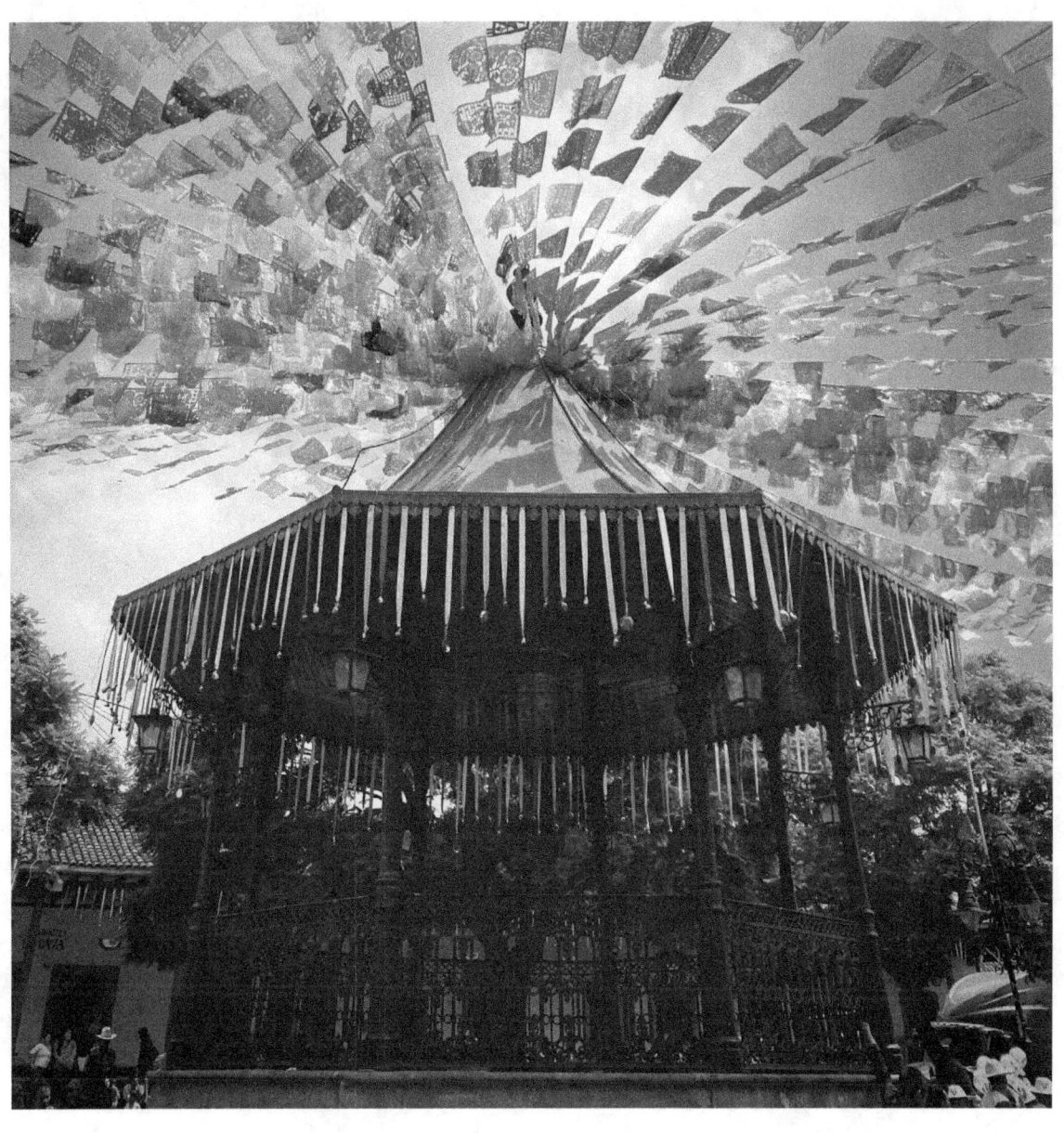

Sin título. Santa Clara del Cobre , Michoacán

PILAR

Materiales nobles, manos habilidosas. Arquitectura y belleza, una sinfonía; adobe, testigo de tiempos pasados, eternidad en cada rincón construido. Memorias que viven en cada piedra, tradición y cultura, un legado profundo.

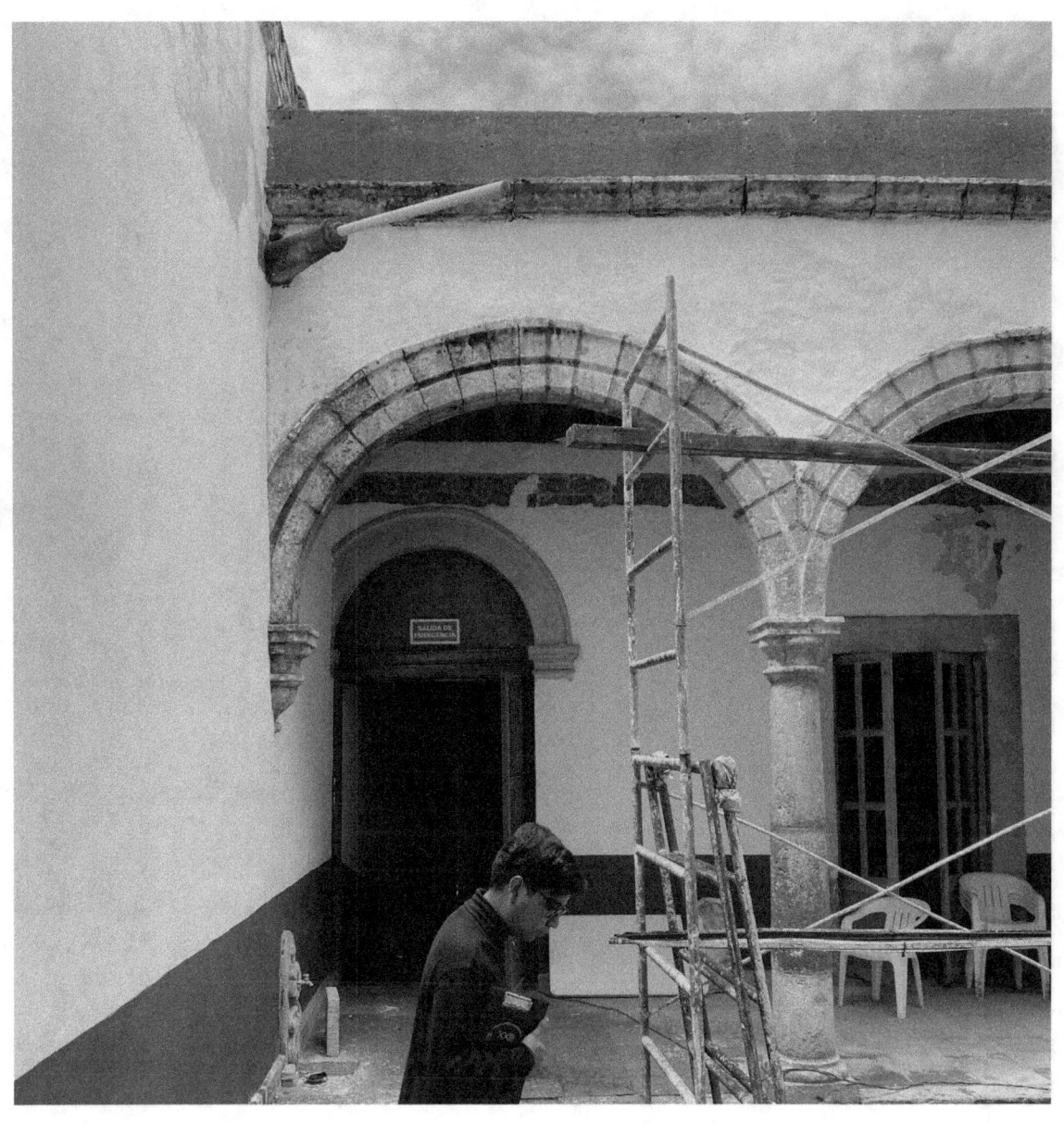

Carlitos pt.1. Morelia, Michoacán

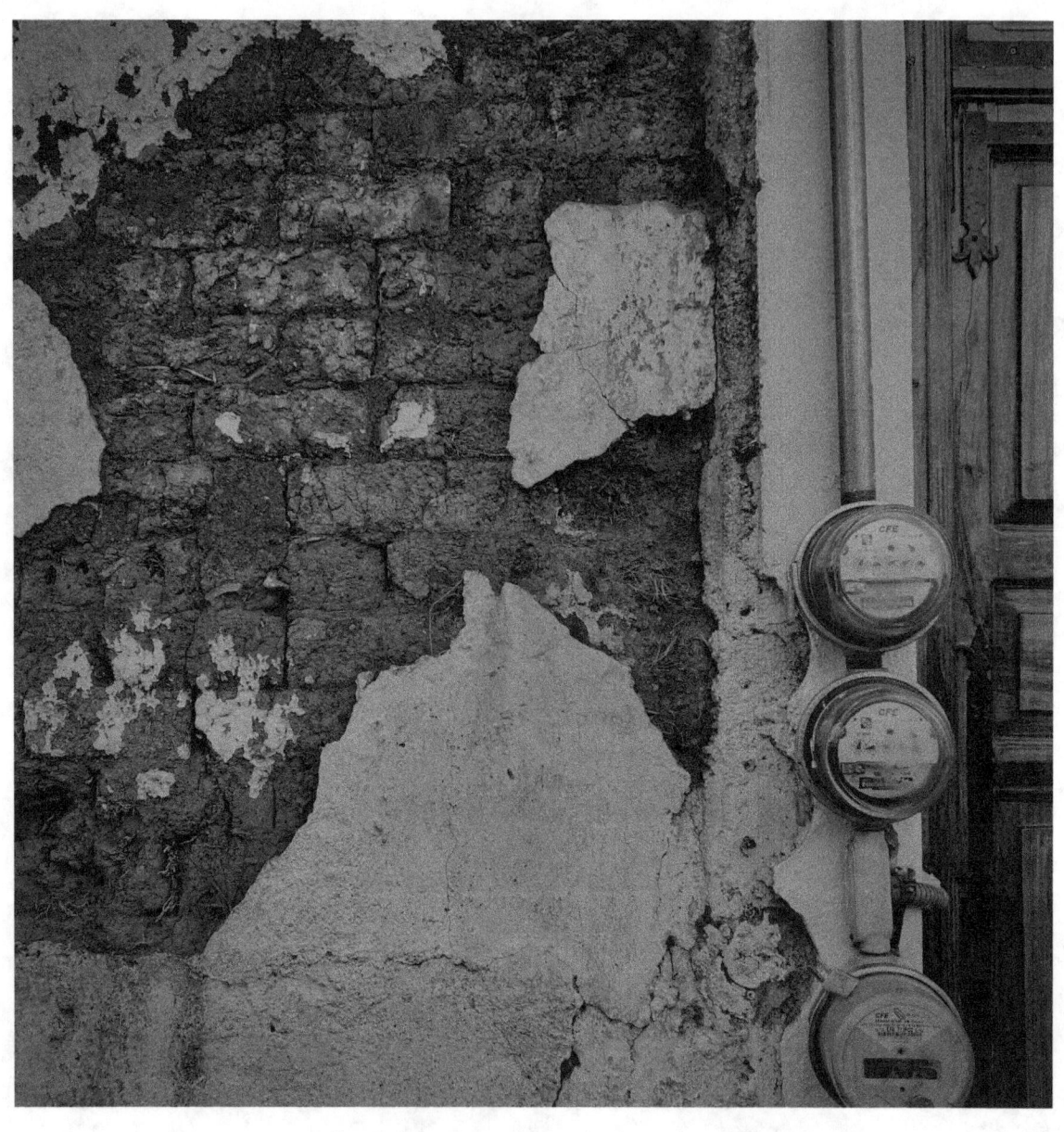

Sin título. Santa Clara del Cobre, Michoacán

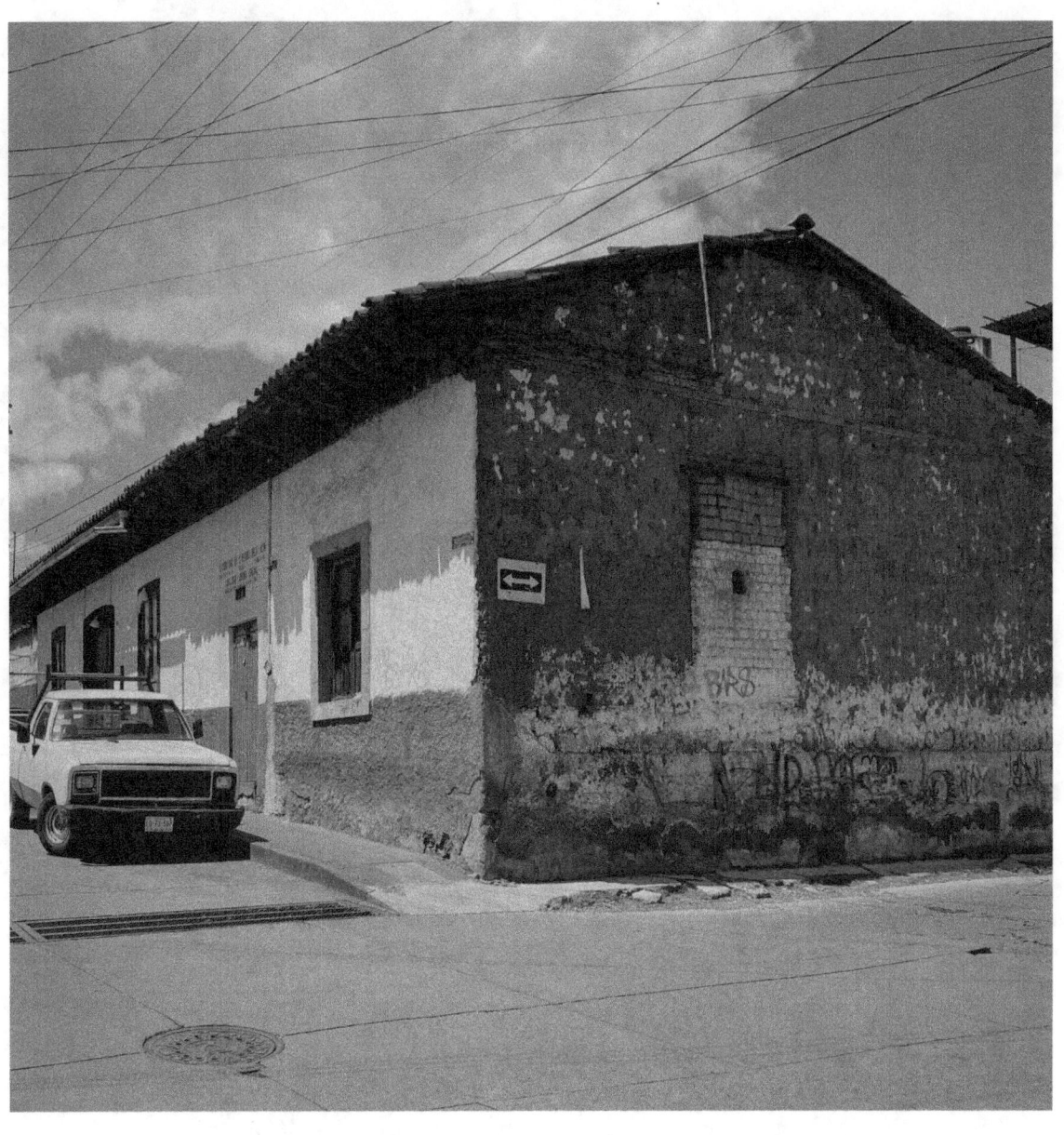

Sin título. Pátzcuaro, Michoacán

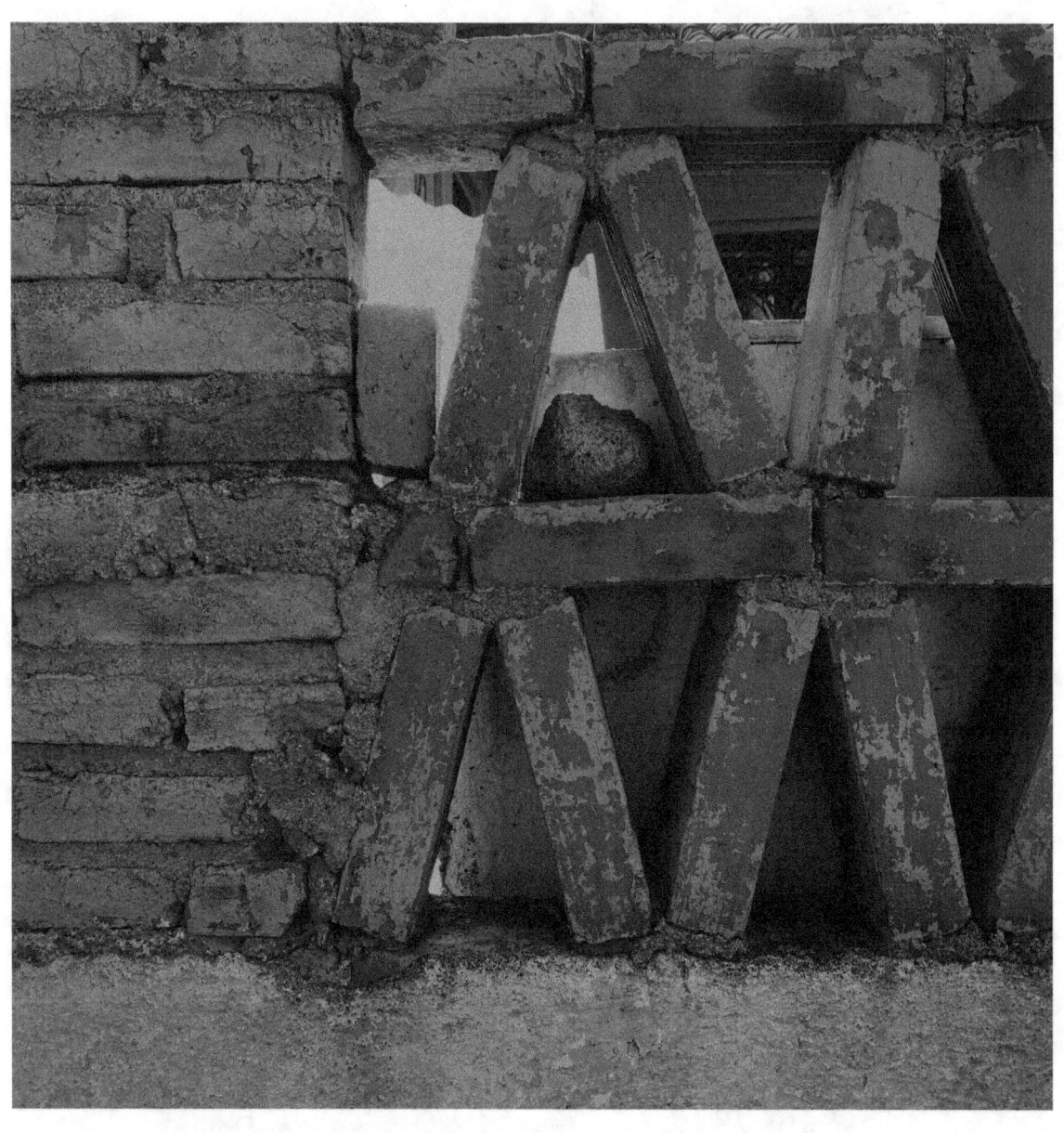

Sin título. Pátzcuaro, Michoacán

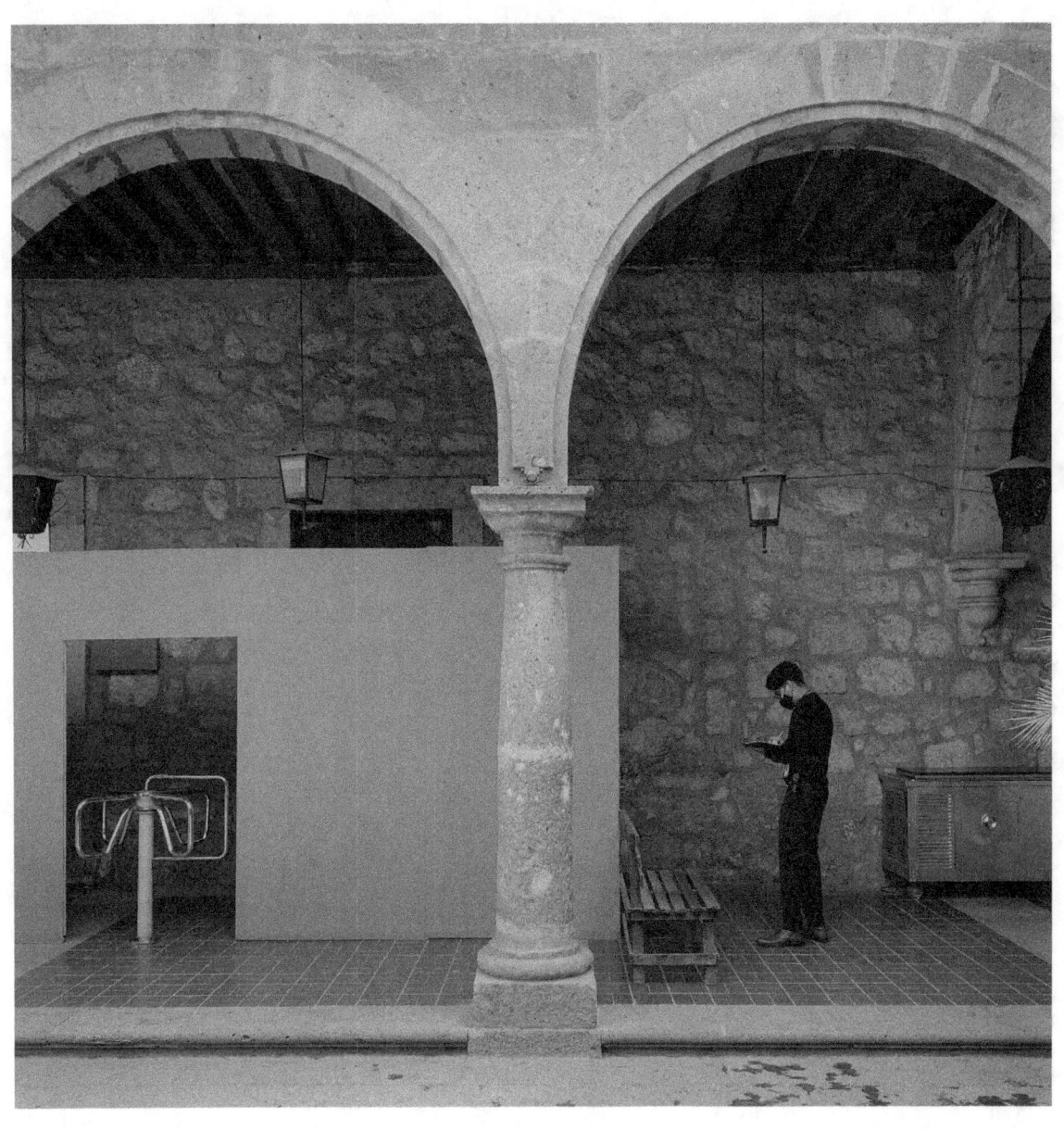

Carlitos pt.2. Morelia, Michoacán

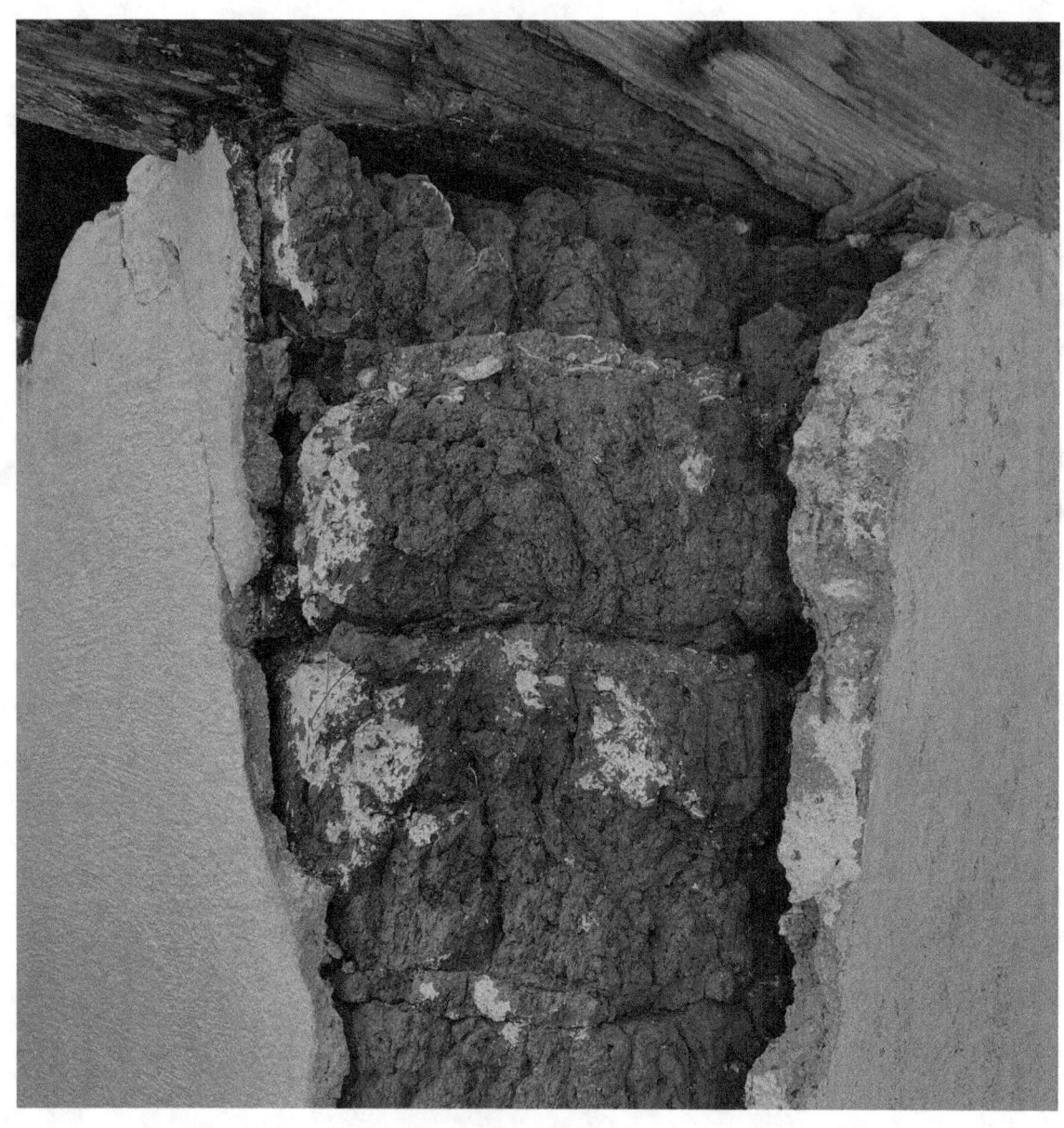

Sin título. Pátzcuaro, Michoacán

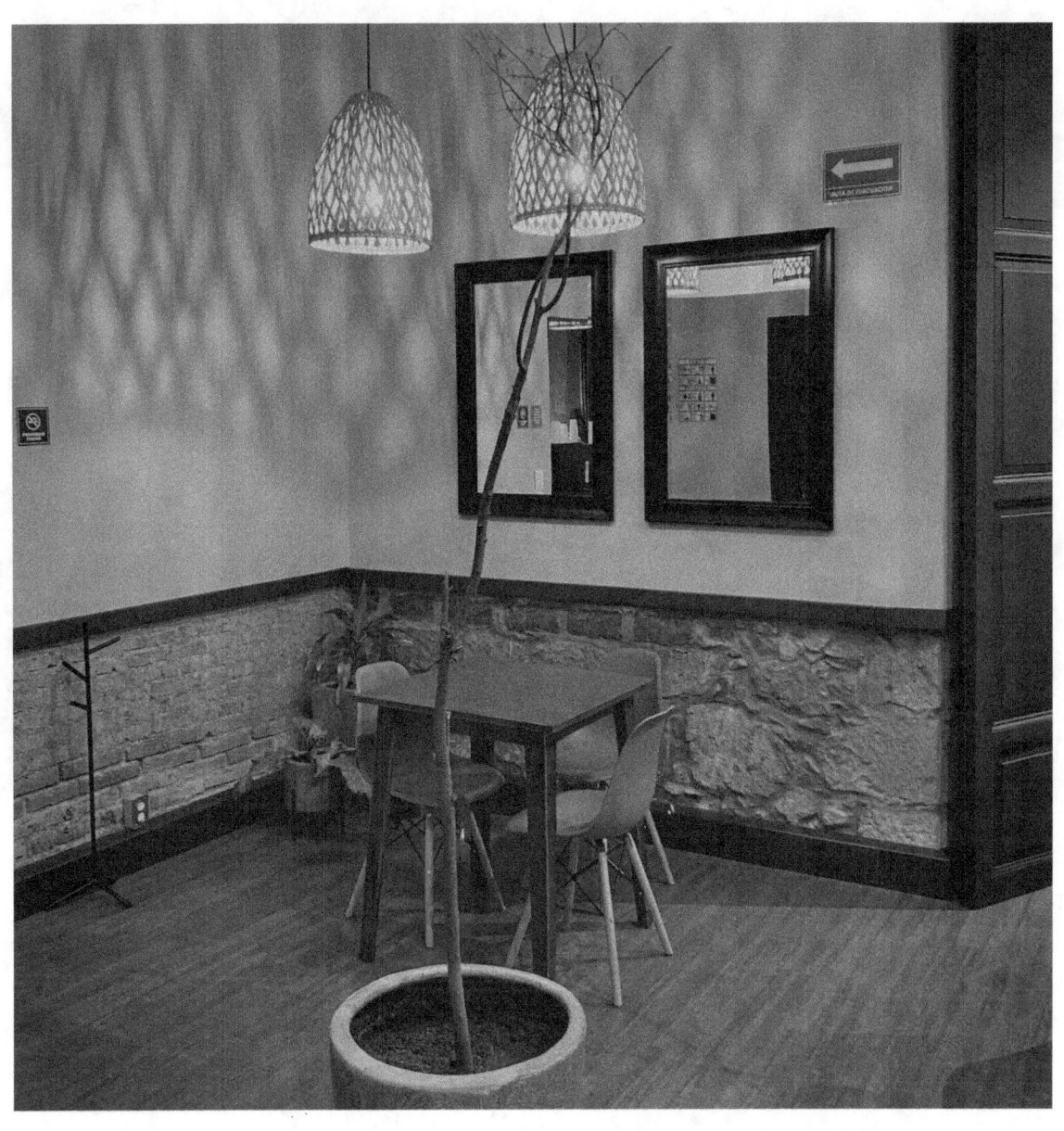

LIVERA CAFÉ. Morelia, Michoacán

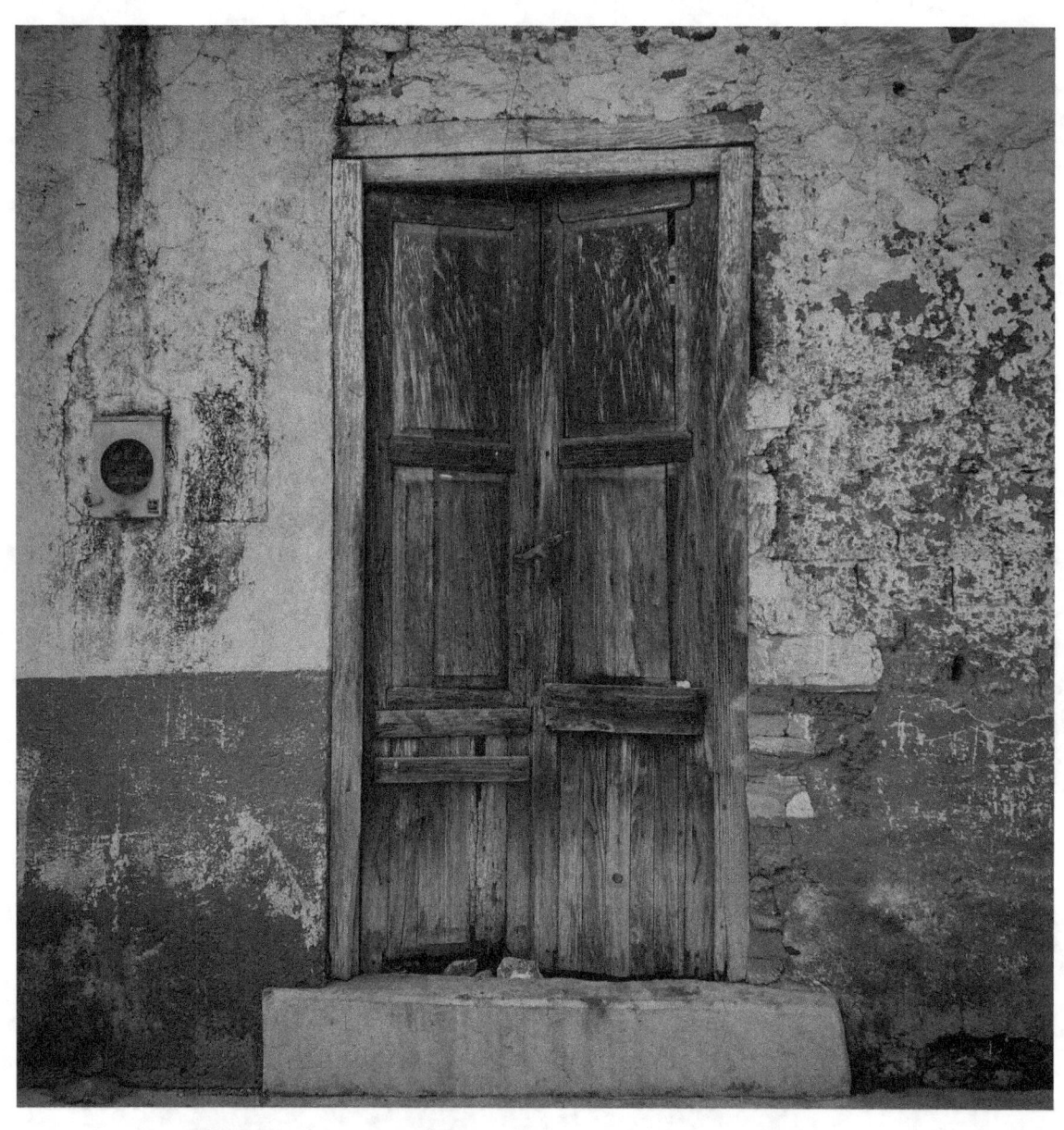

Sin título. Santa Clara del Cobre, Michoacán

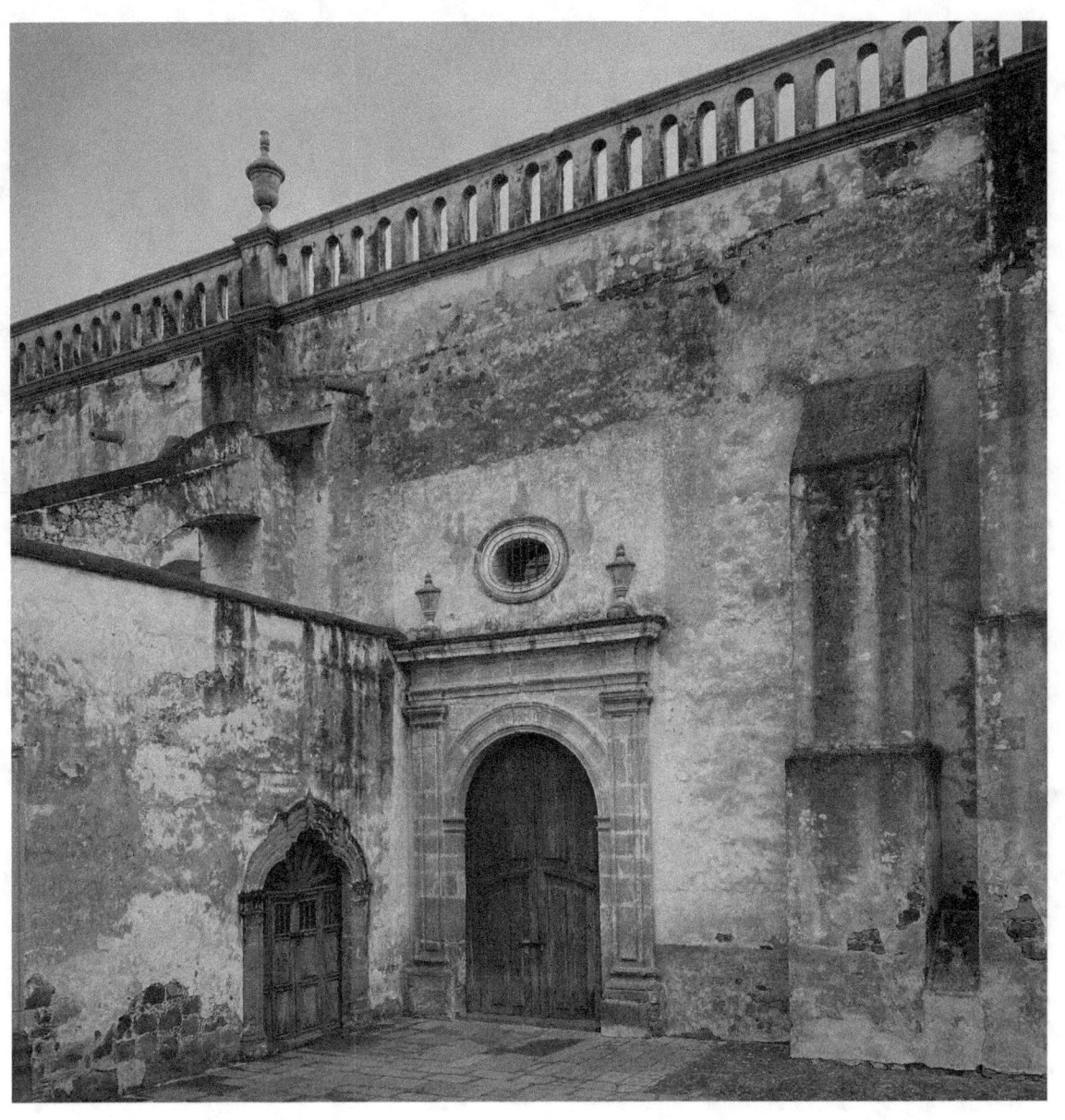

Sin título. Pátzcuaro, Michoacán

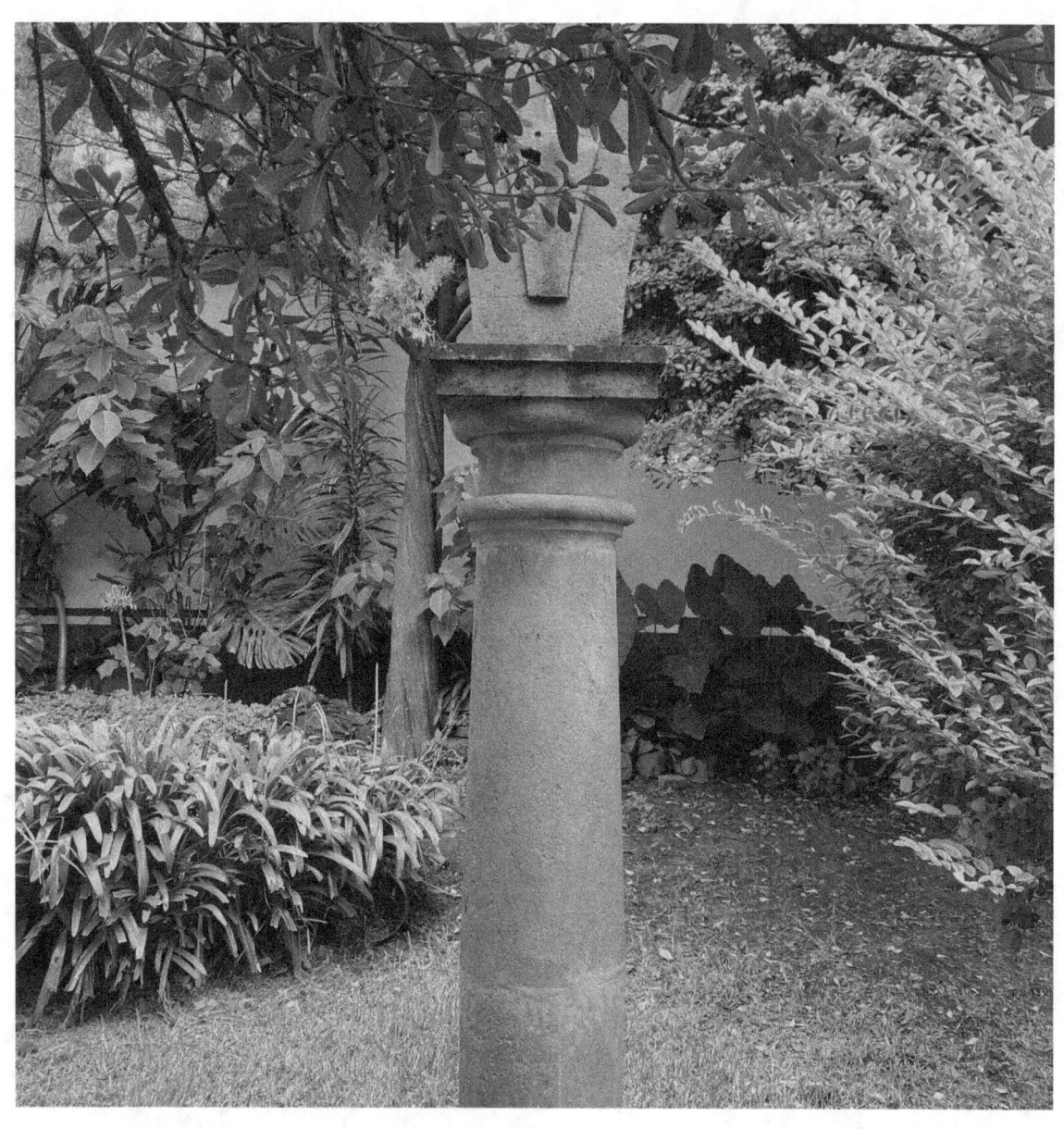

Sin título. Pátzcuaro, Michoacán

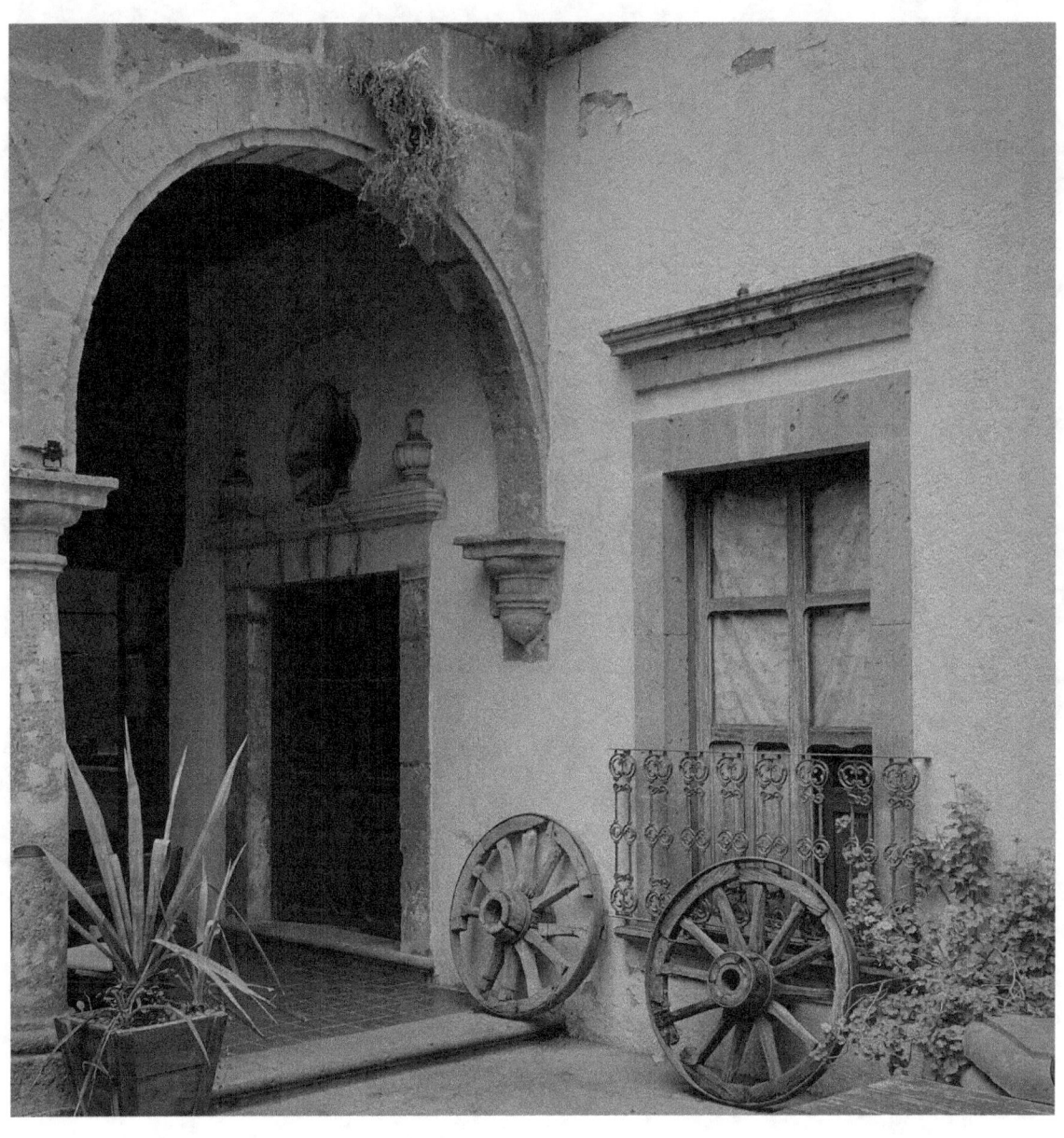

Sin título. Morelia, Michoacán

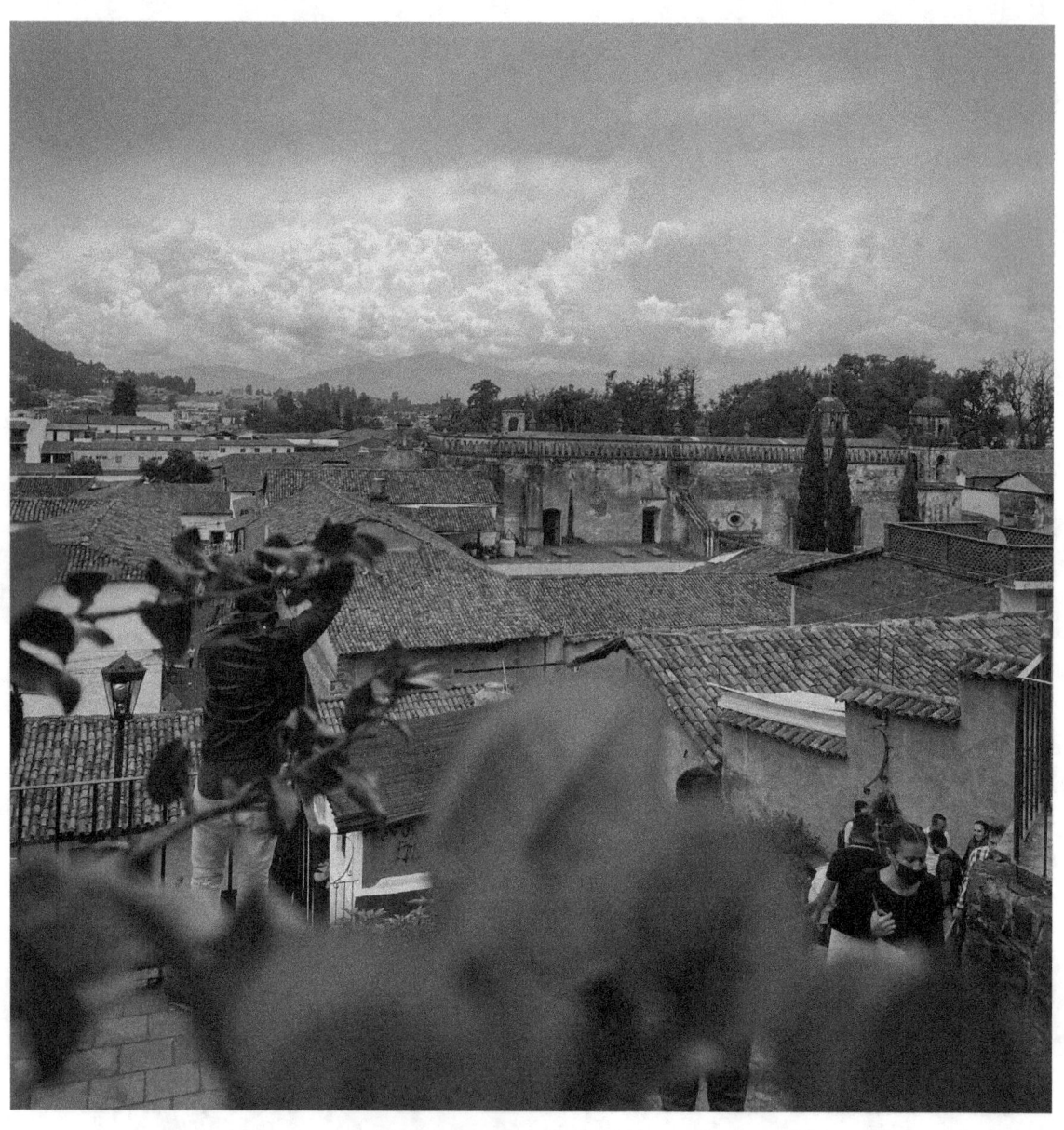

Sin título. Pátzcuaro, Michoacán

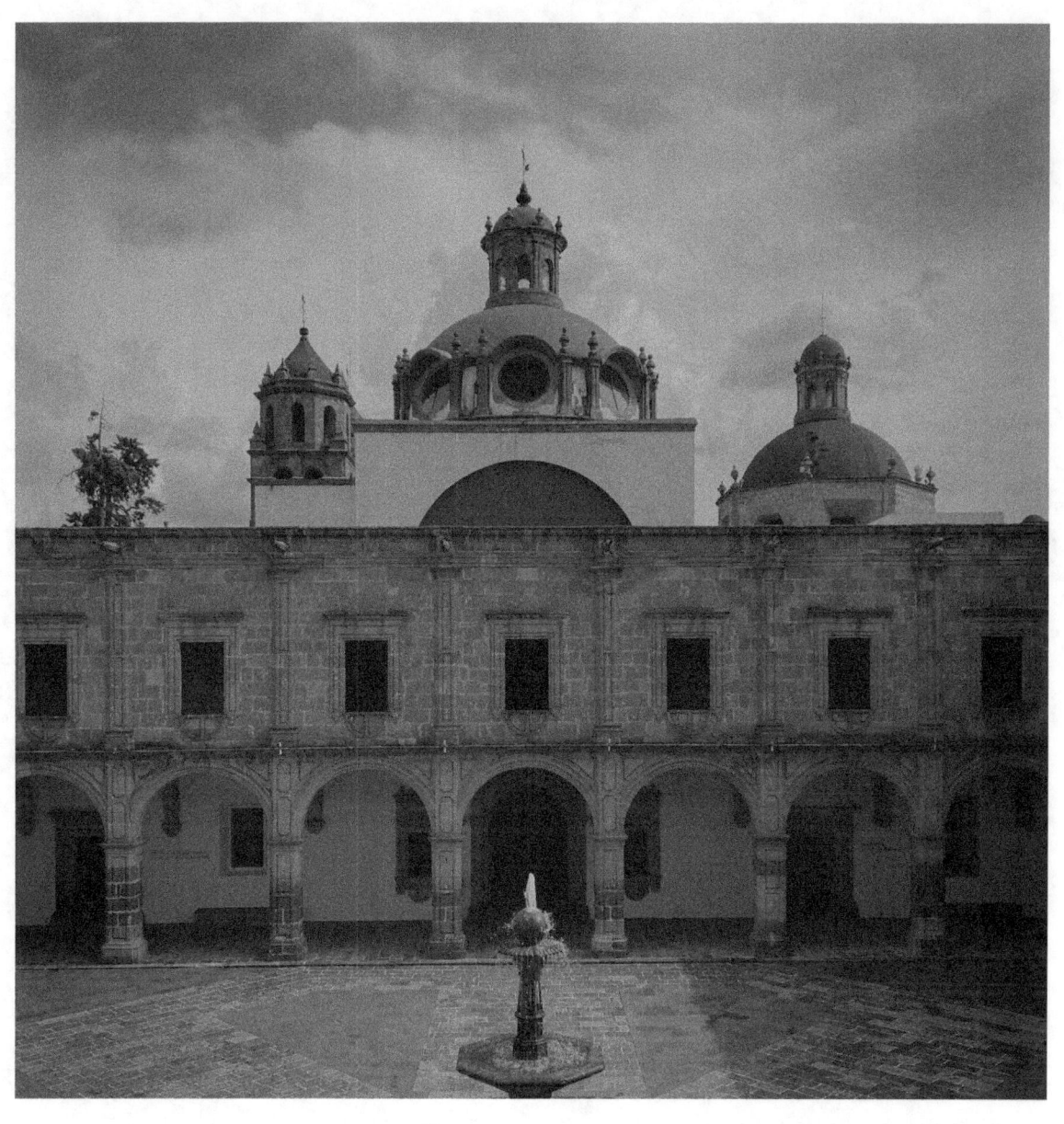

Sin título. Morelia, Michoacán

MÉXICO LINDO Y QUERIDO

La tierra de México, testigo de
trabajo duro, de sacrificios y hambre,
de honradez y humildad.
Aquí la gente sabe que solo
con esfuerzo, se pueden lograr
grandes metas, cumplir grandes sueños.

Cultivamos nuestras raíces,
con nuestras manos, y en cada grano
de maíz, está nuestra alma.
Nuestro corazón late fuerte, por
la tierra que amamos, y en cada gota
de sudor, está nuestra gratitud.

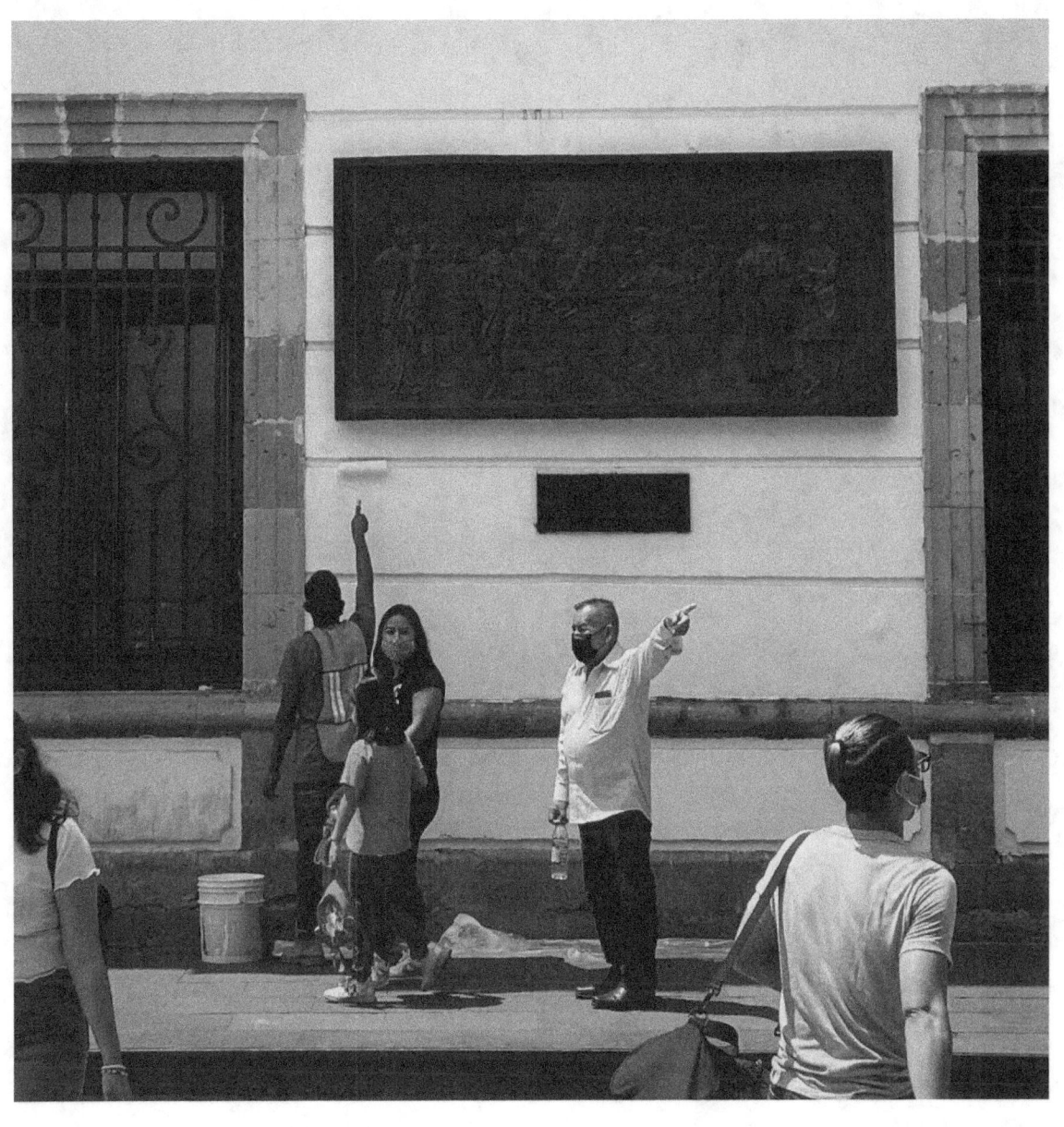

Todo pasa, todo queda. Morelia, Michoacán

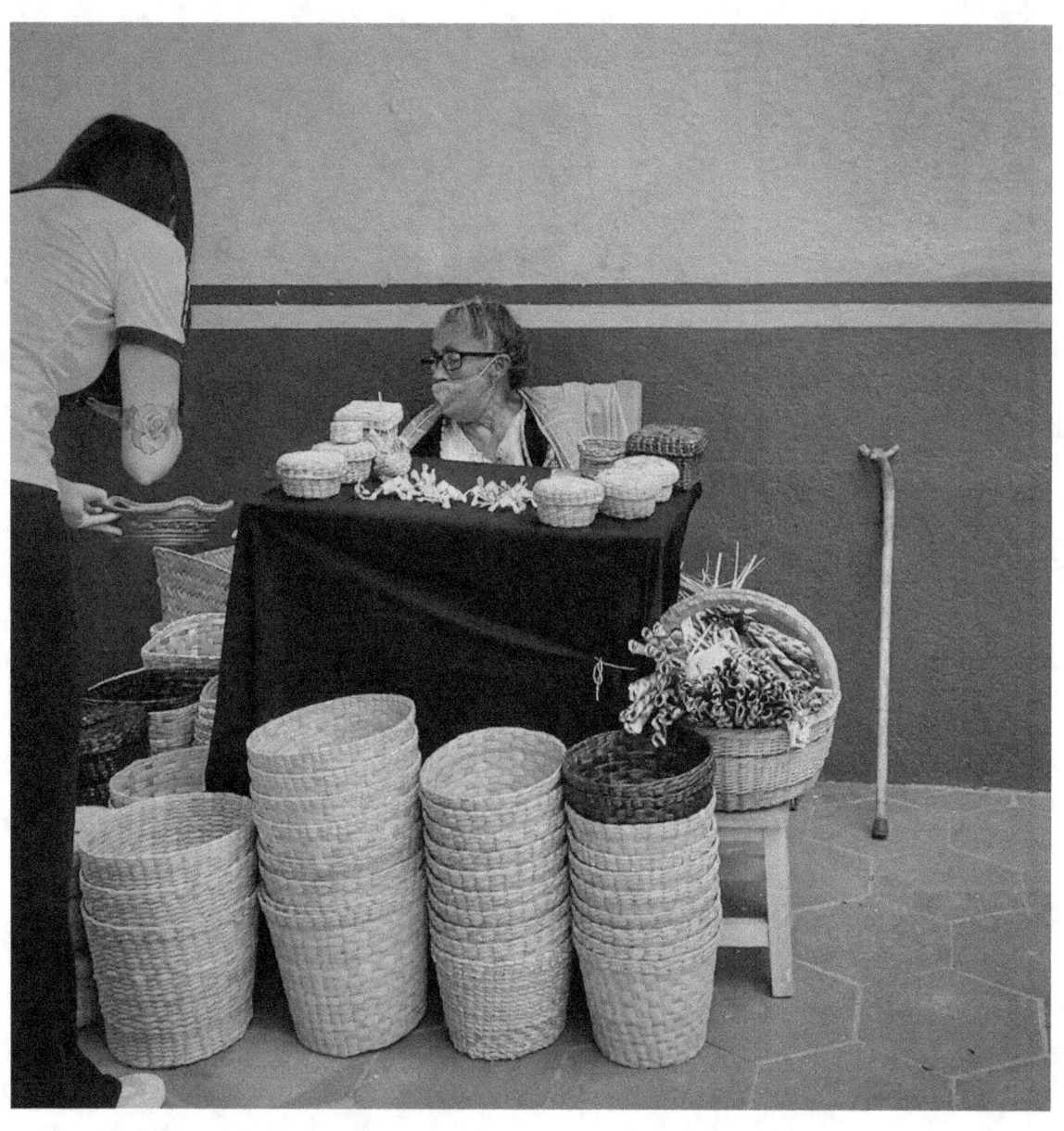

Sin título. Pátzcuaro, Michoacán

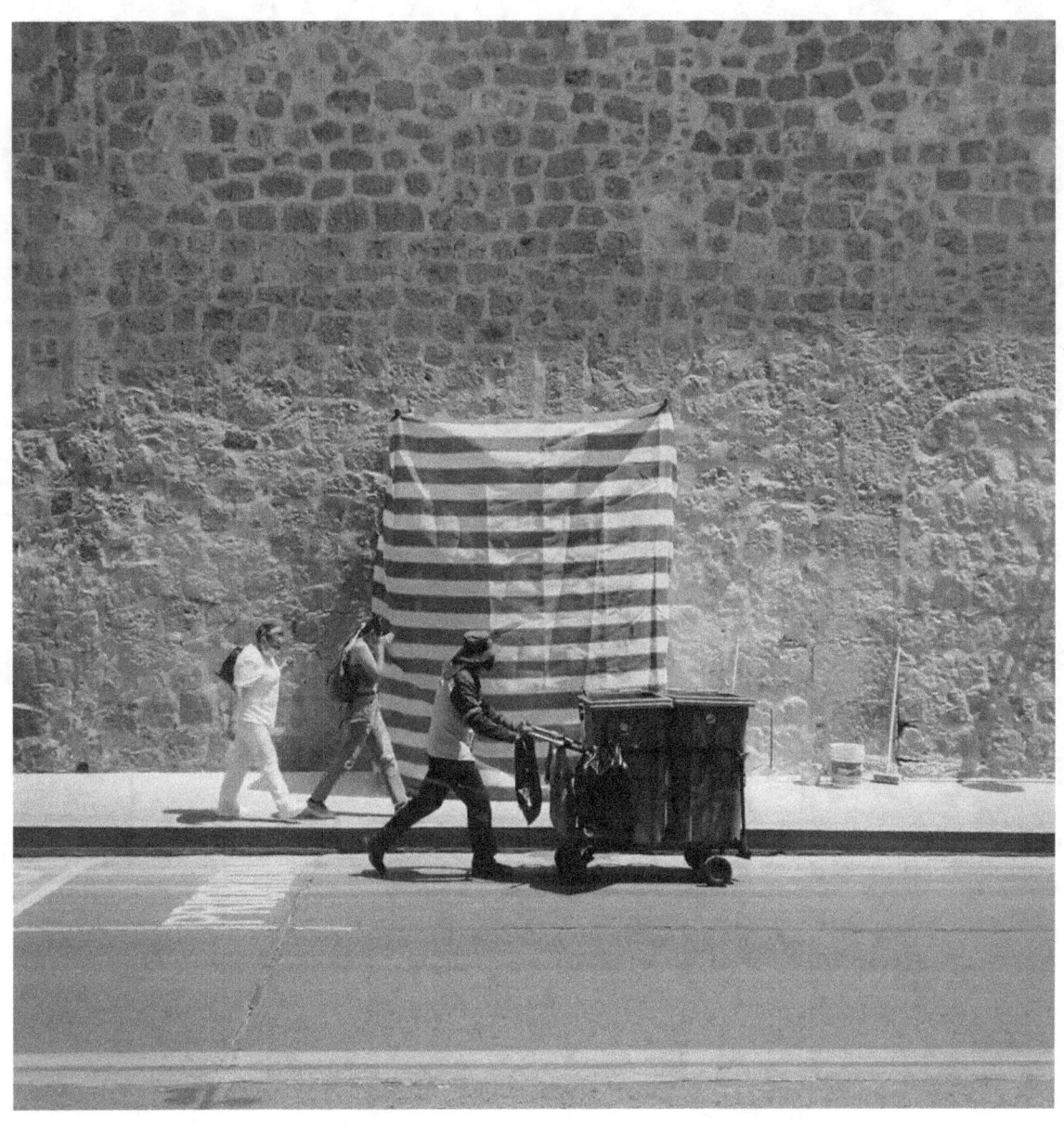

Sin título. Morelia, Michoacán

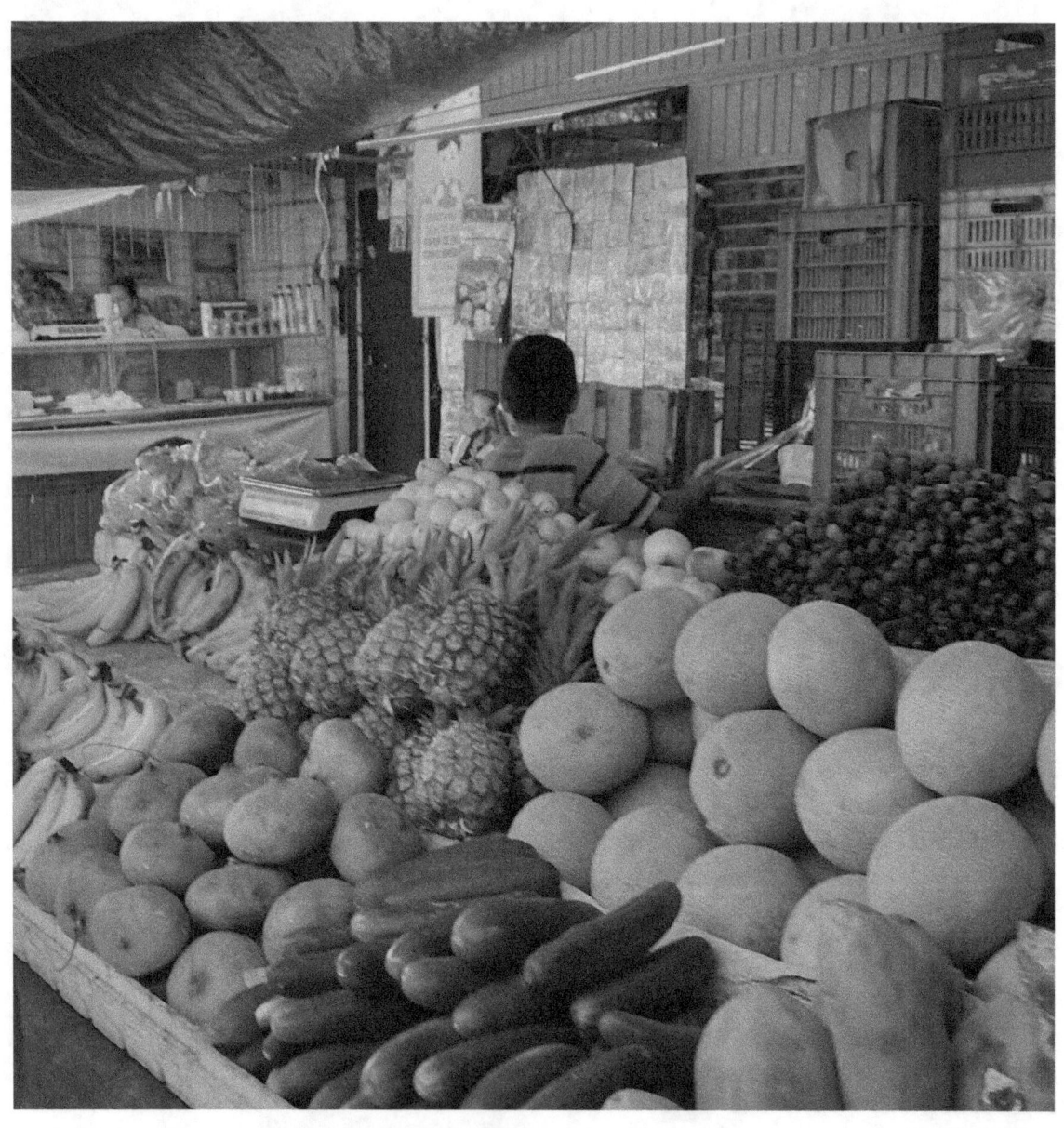

Sin título. Pátzcuaro, Michoacán

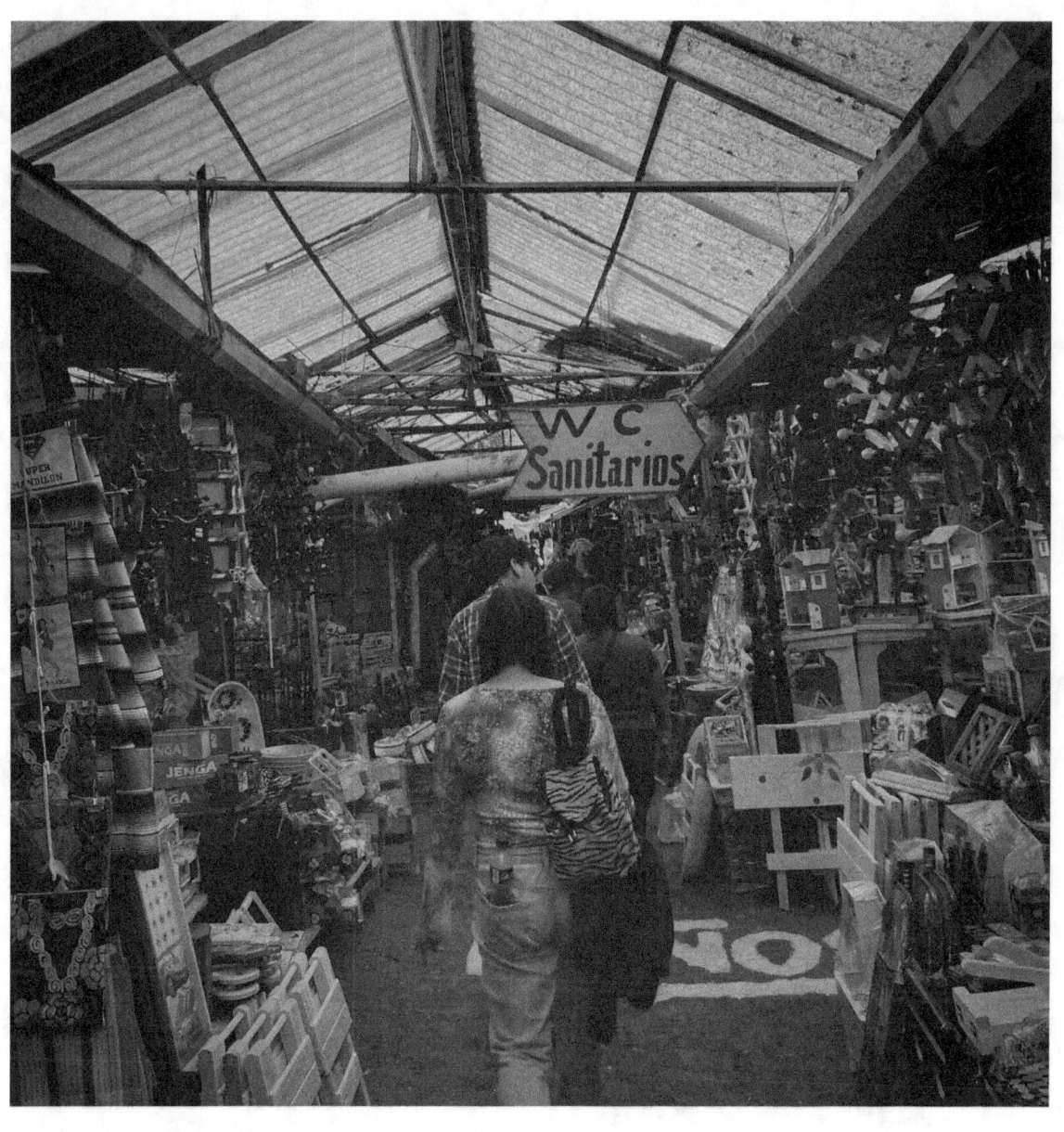

Sin título. Quiroga, Michoacán

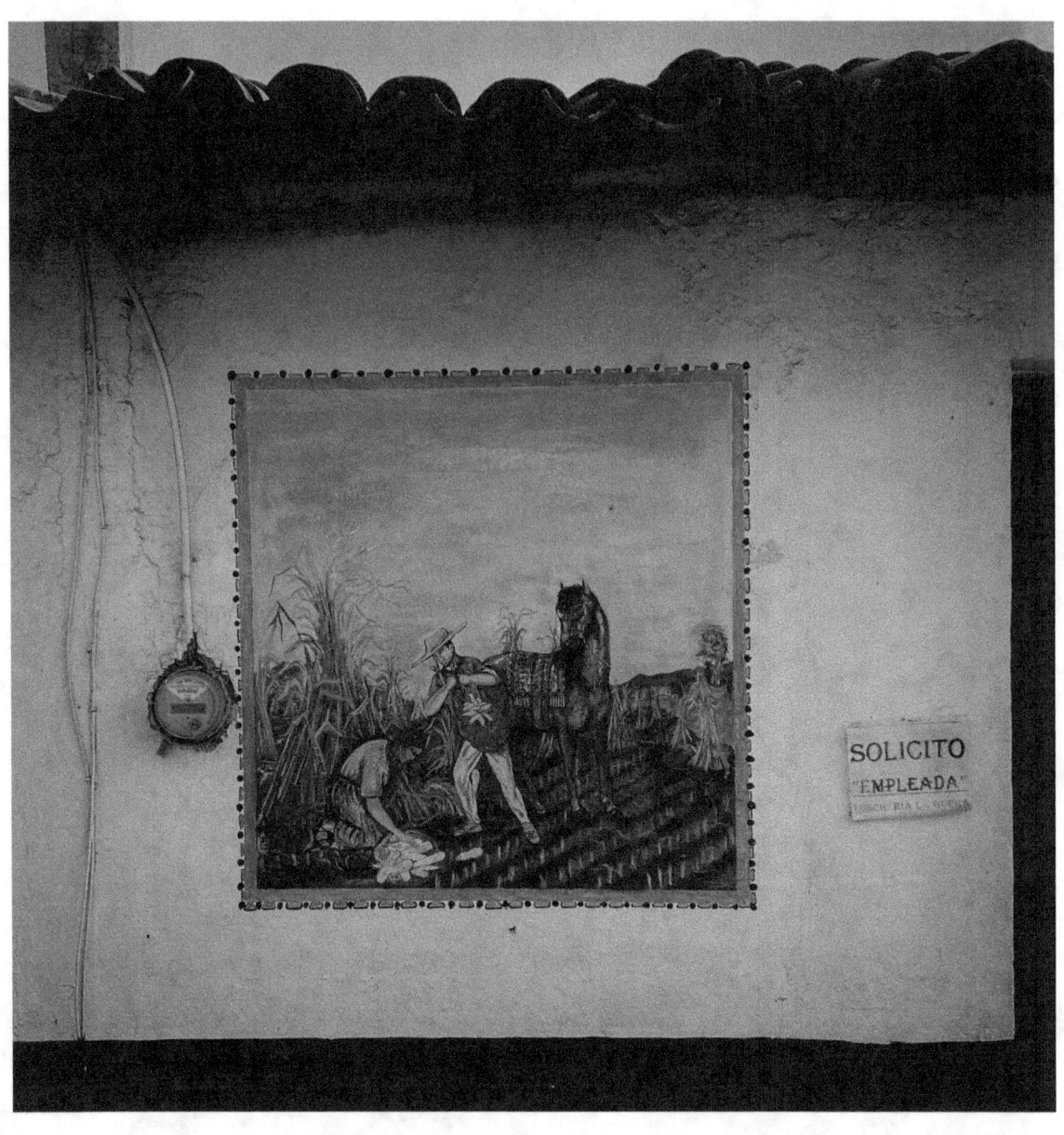

Sin título. Capula, Michoacán

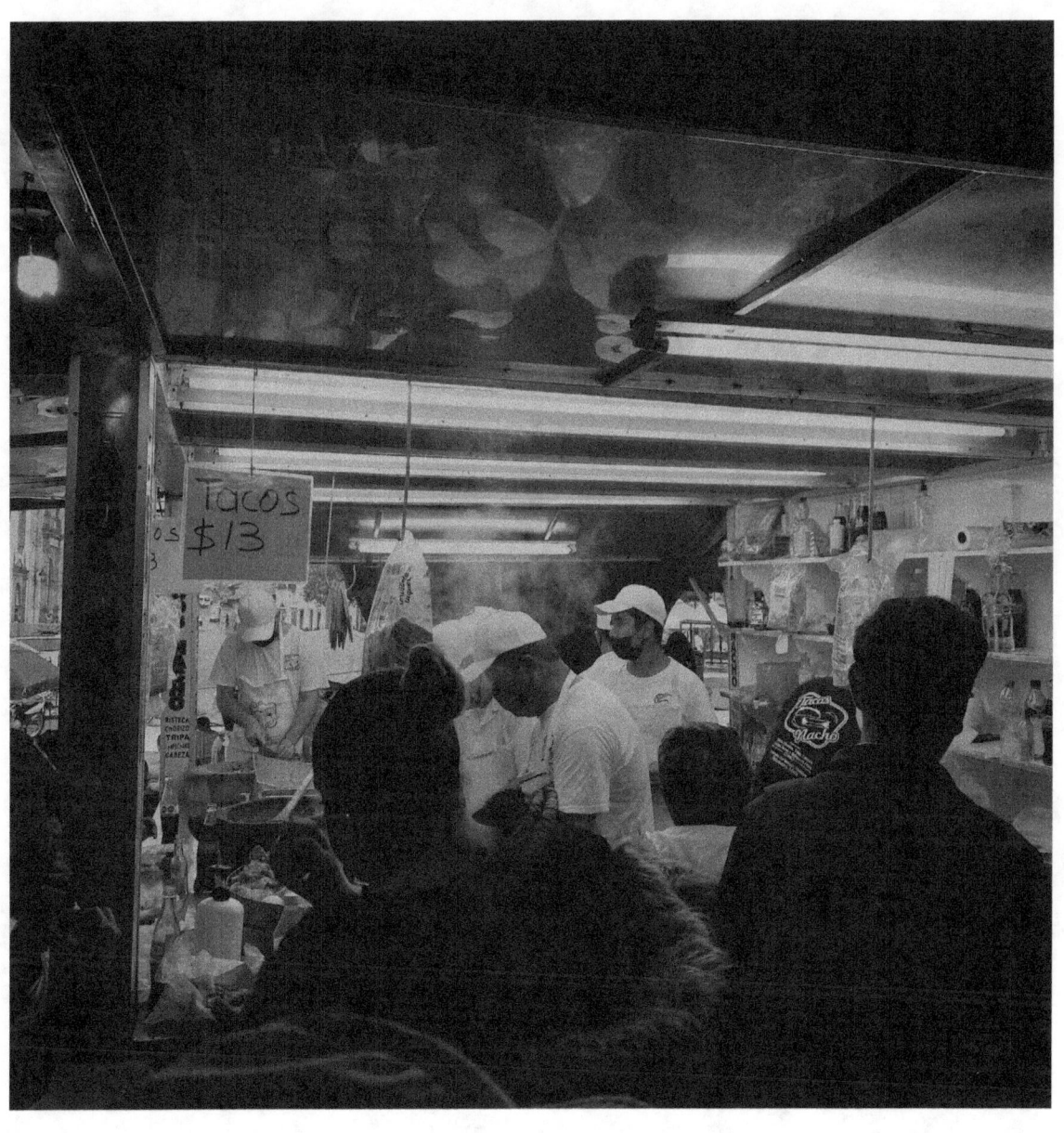

Sin título. Pátzcuaro, Michoacán

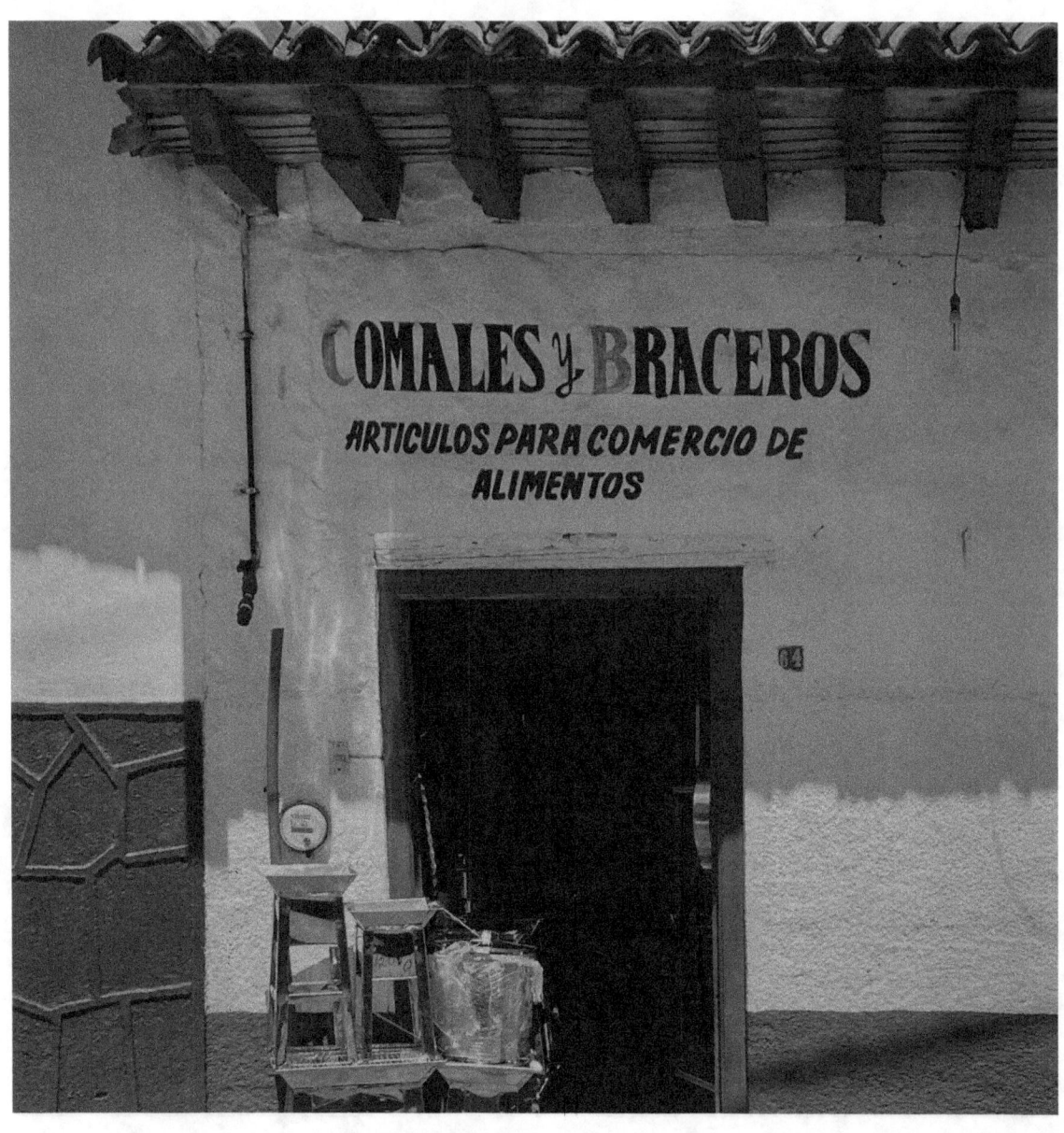

Sin título. Pátzcuaro, Michoacán

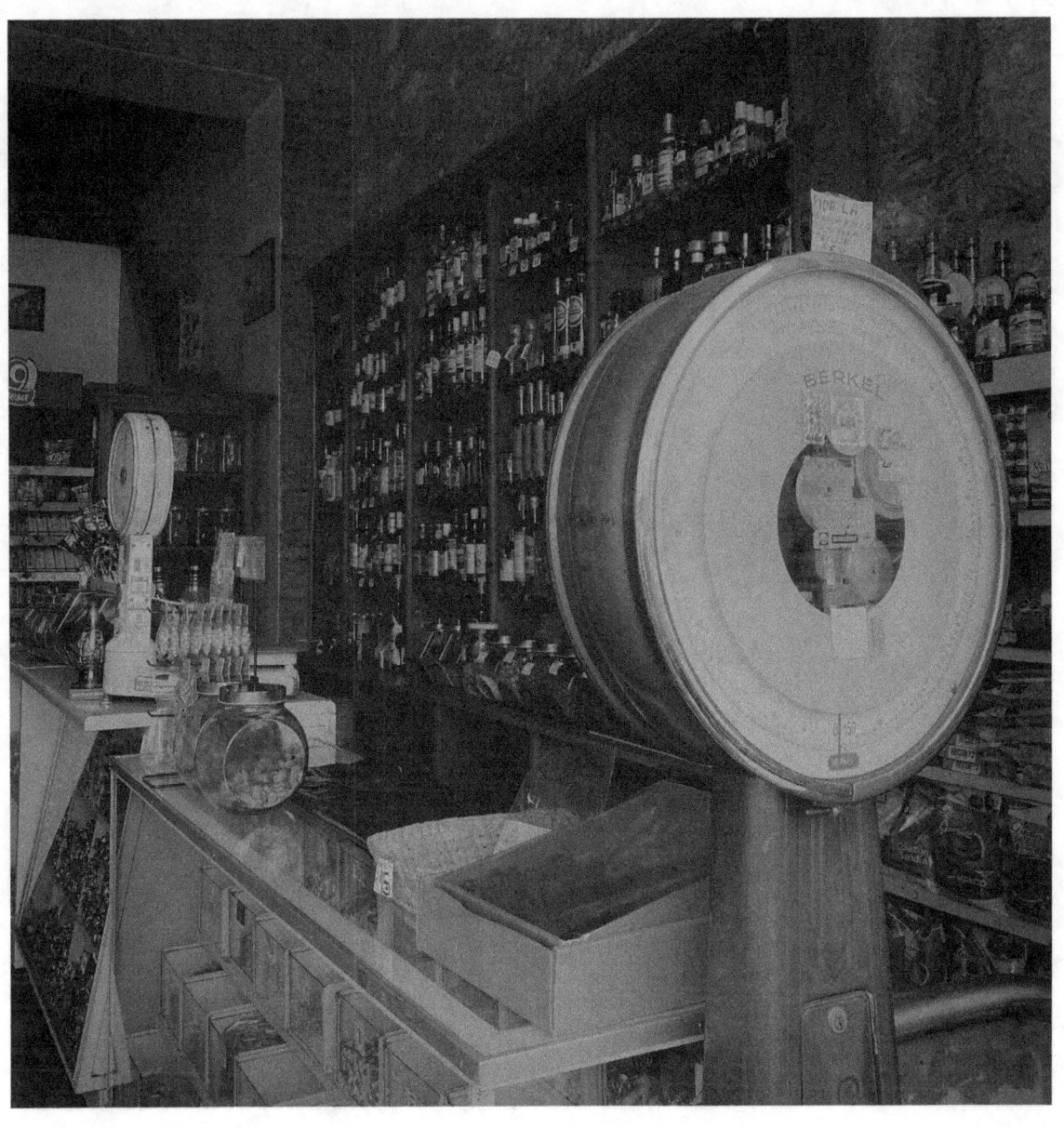

Sin título. Morelia, Michoacán

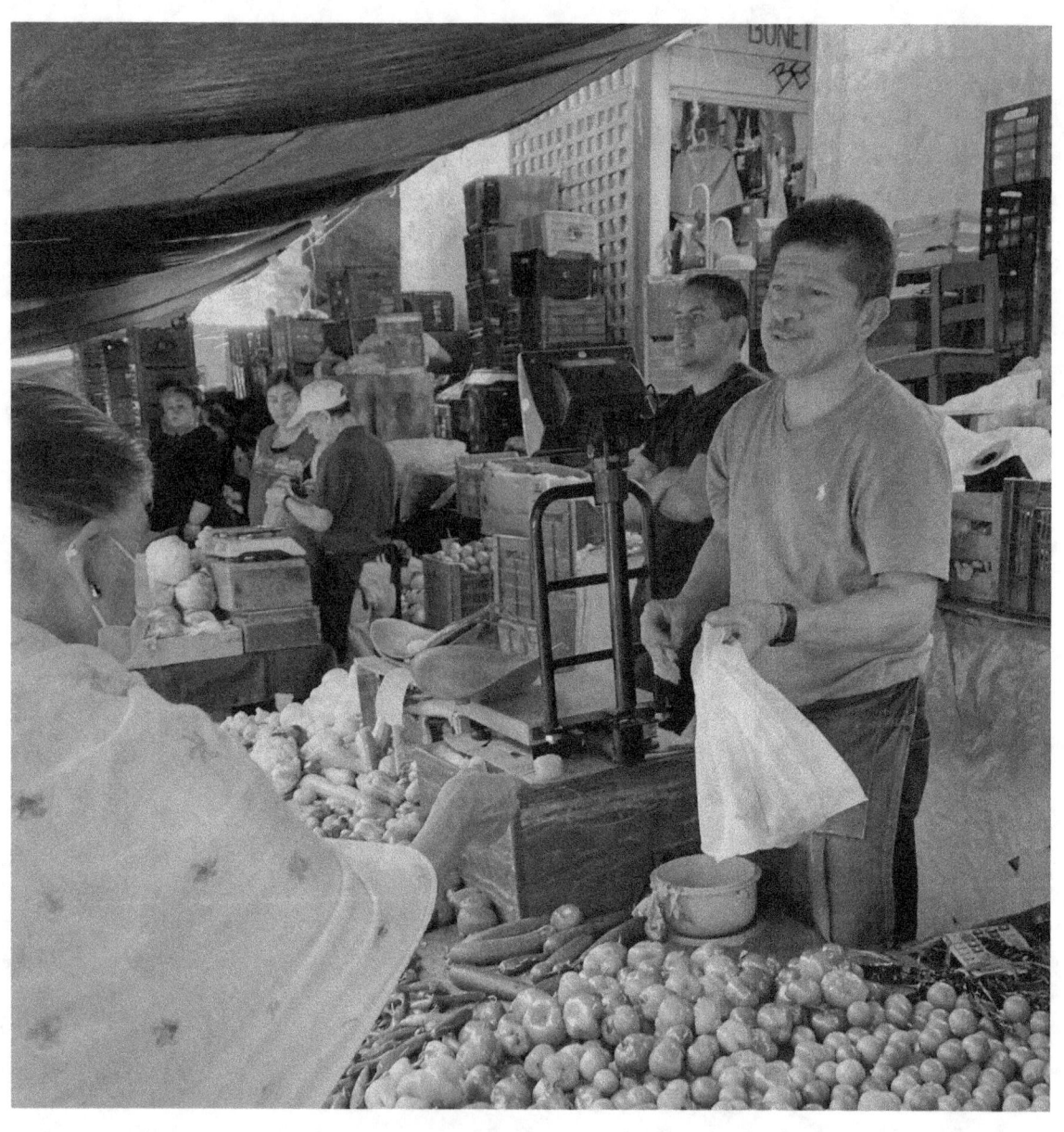

Sin título. Pátzcuaro, Michoacán

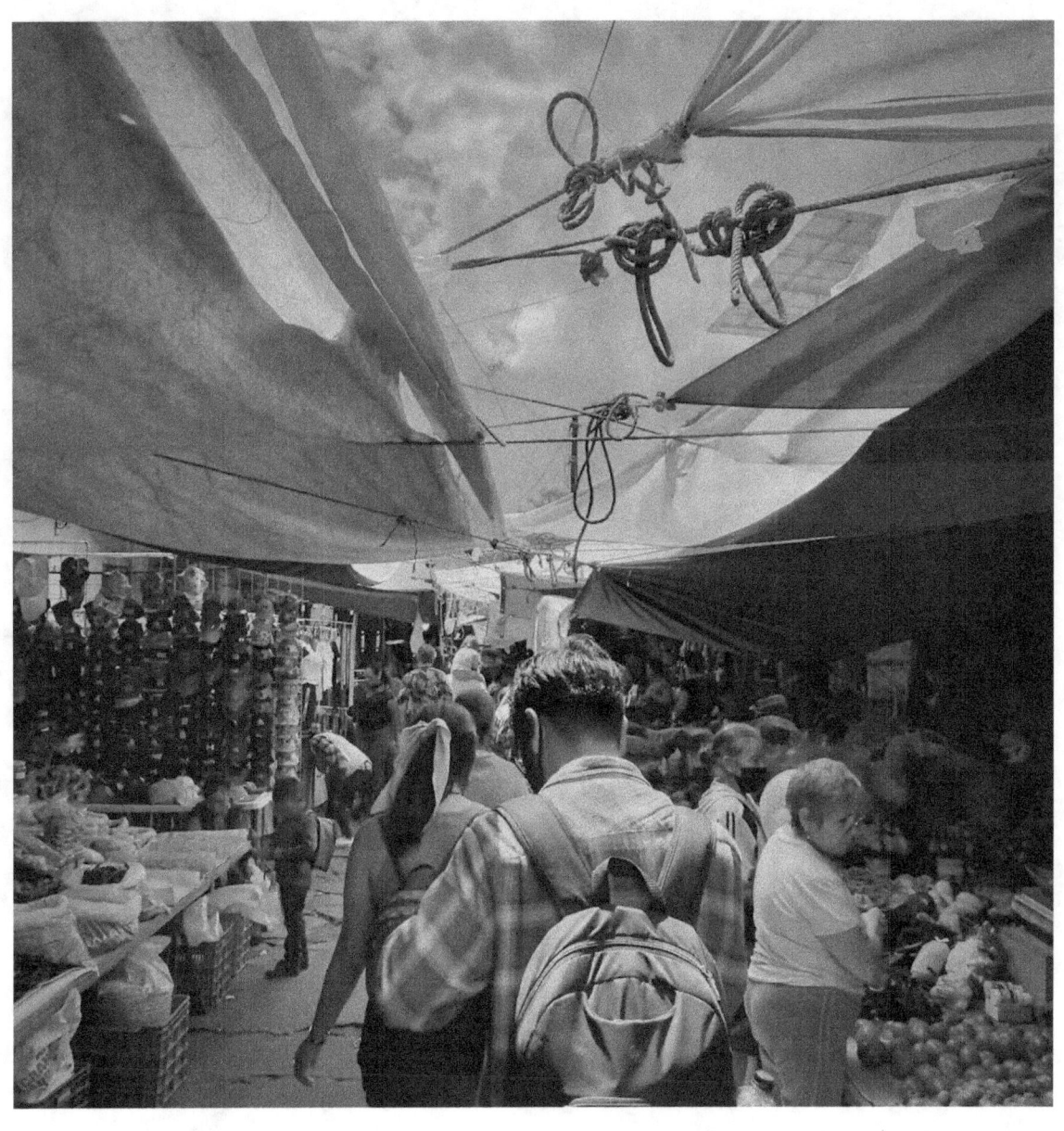

Carlitos pt.3. Pátzcuaro, Michoacán

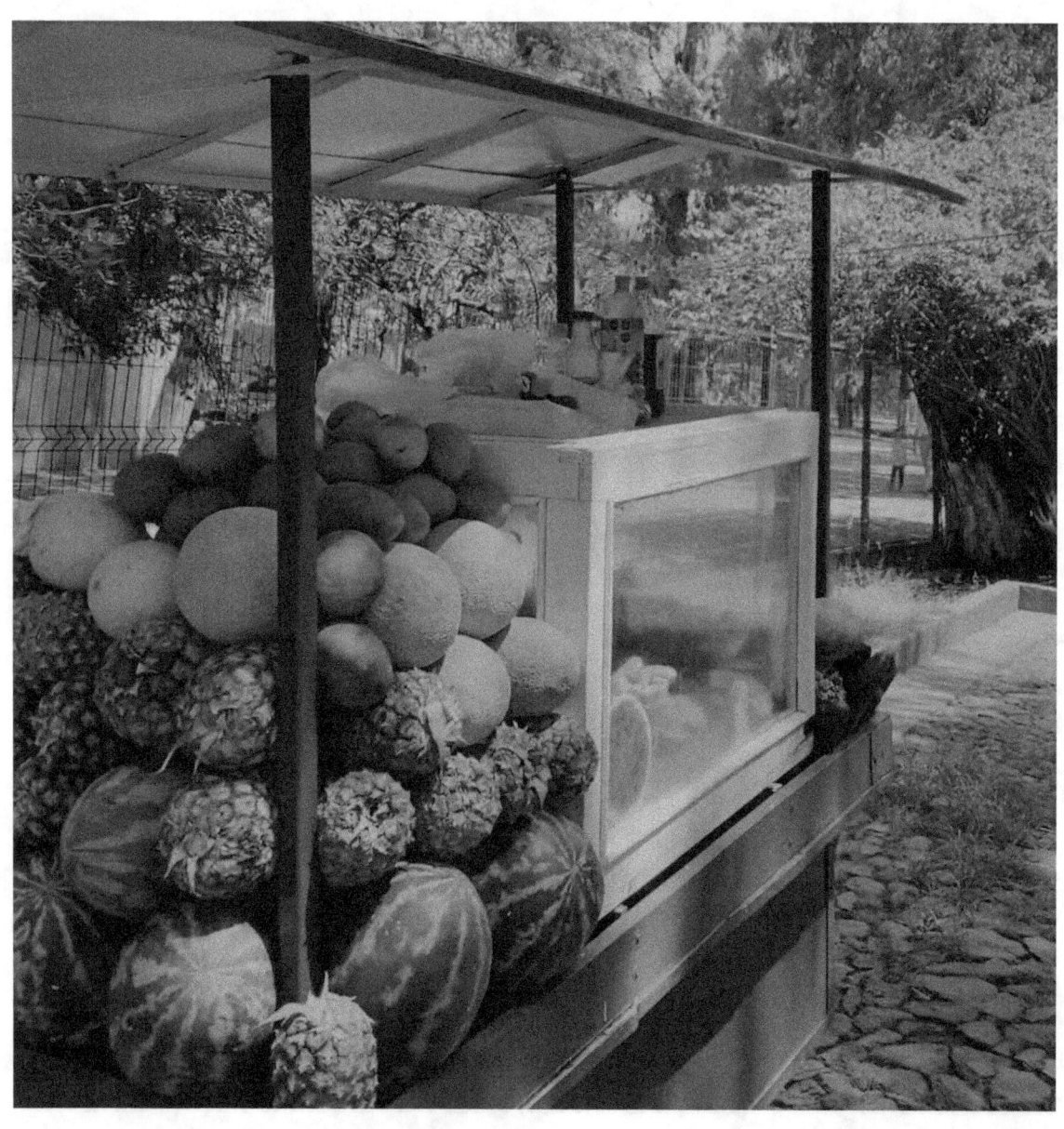

Sin título. Morelia, Michoacán

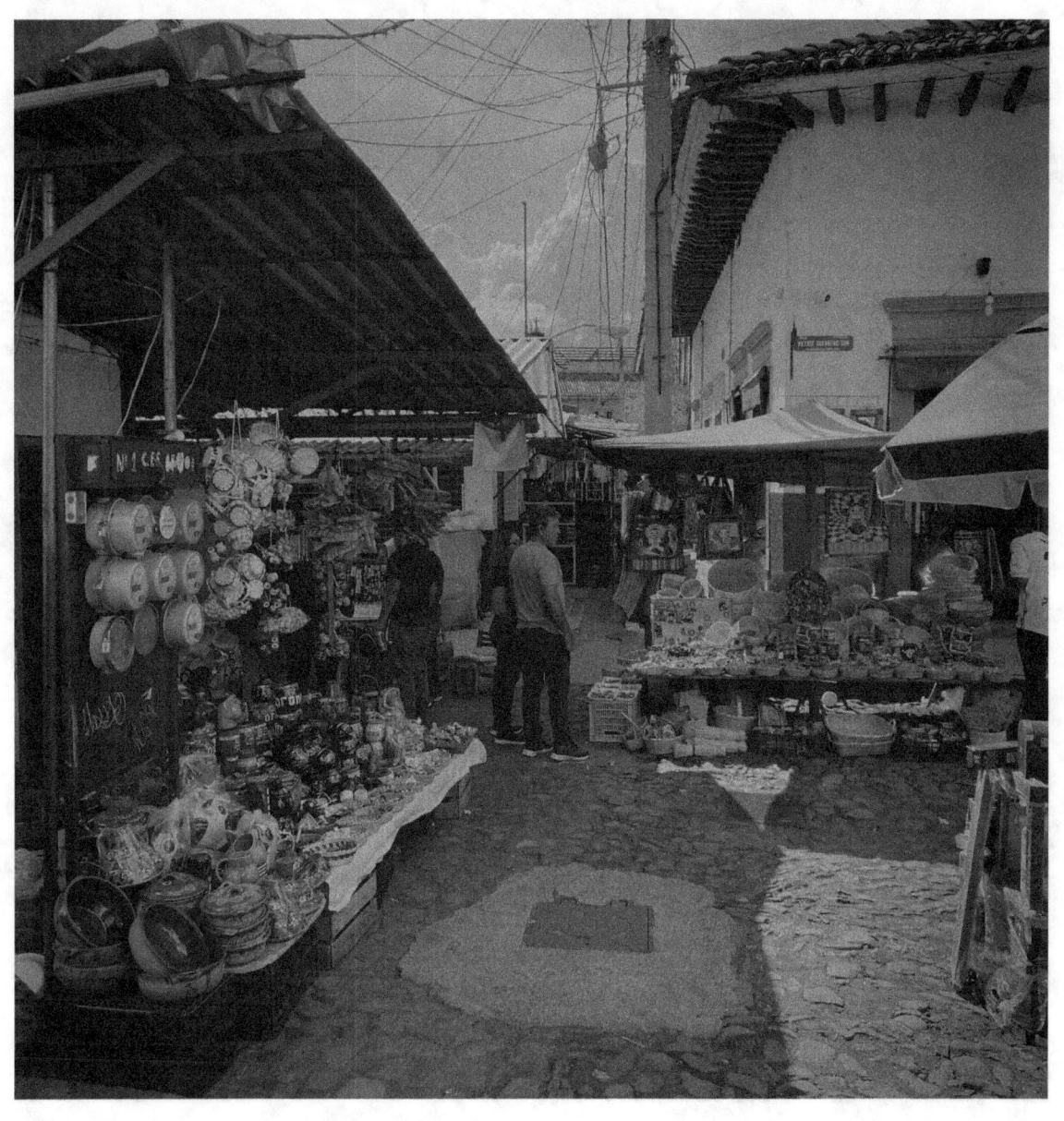

Sin título. Quiroga, Michoacán

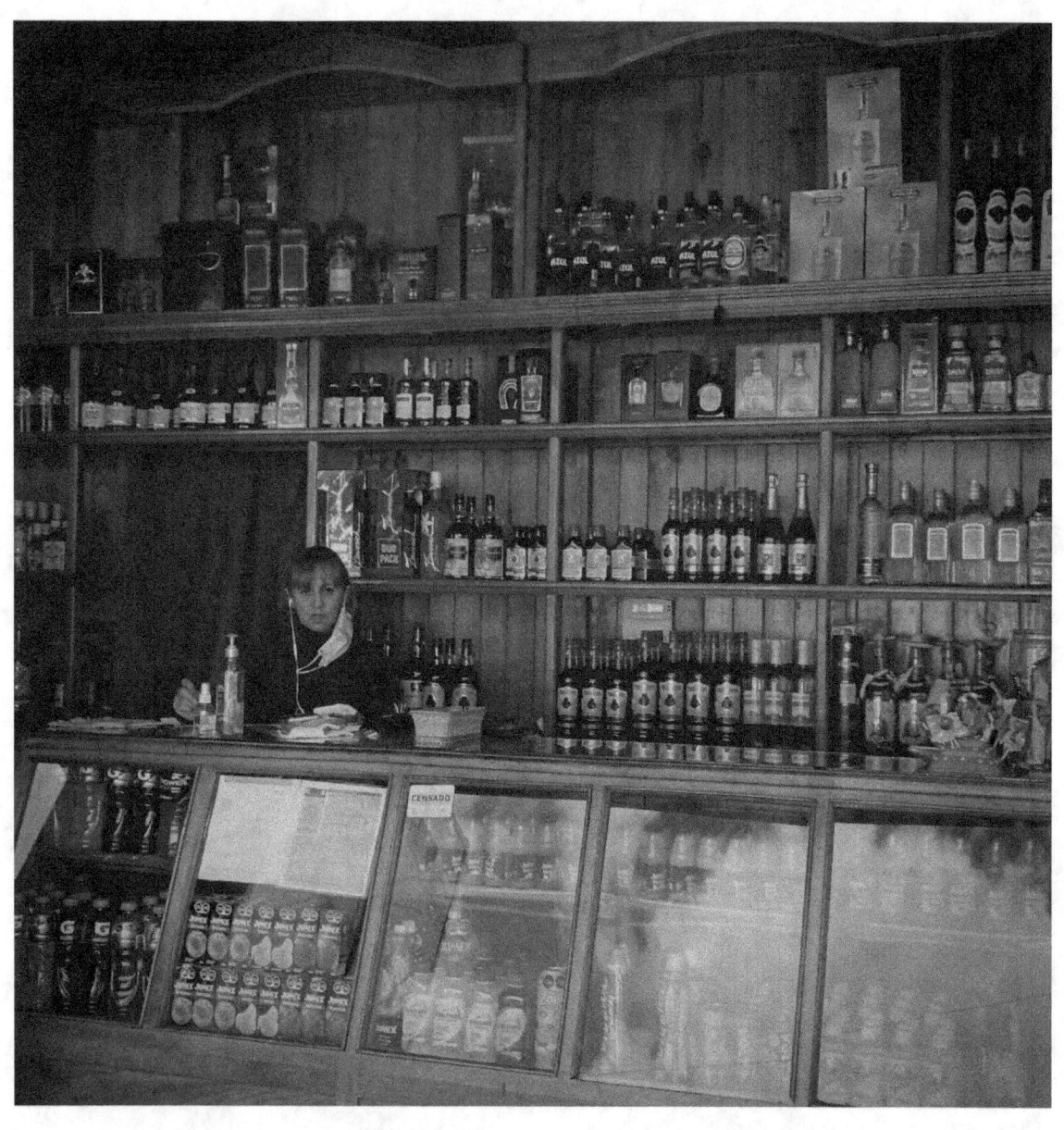

Sin título. Quiroga, Michoacán

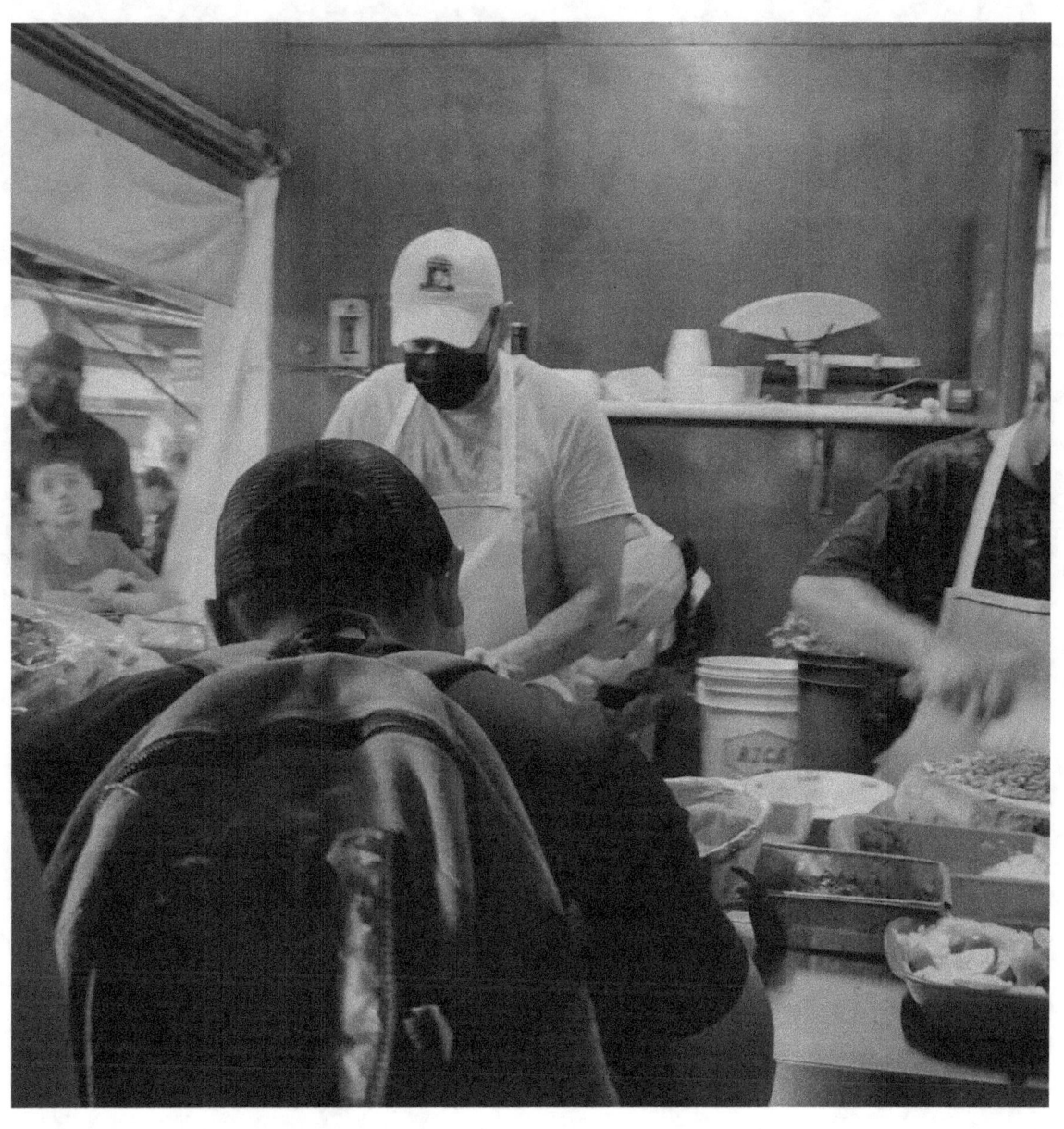

Sin título. Pátzcuaro, Michoacán

¿ME ACOMPAÑAS?

La soledad es un camino que a veces
nos toca recorrer, un sendero
lleno de sombras y de dolor. La tristeza
parece ser la compañera constante,
que nos acompaña en cada momento,
sin abandono.

Pero en ese silencio,
en esa calma profunda, hay una paz que
poco a poco va cobrando forma.
Una luz que brilla en la oscuridad,
una esperanza, que nos dice que la soledad
es solo un momento.

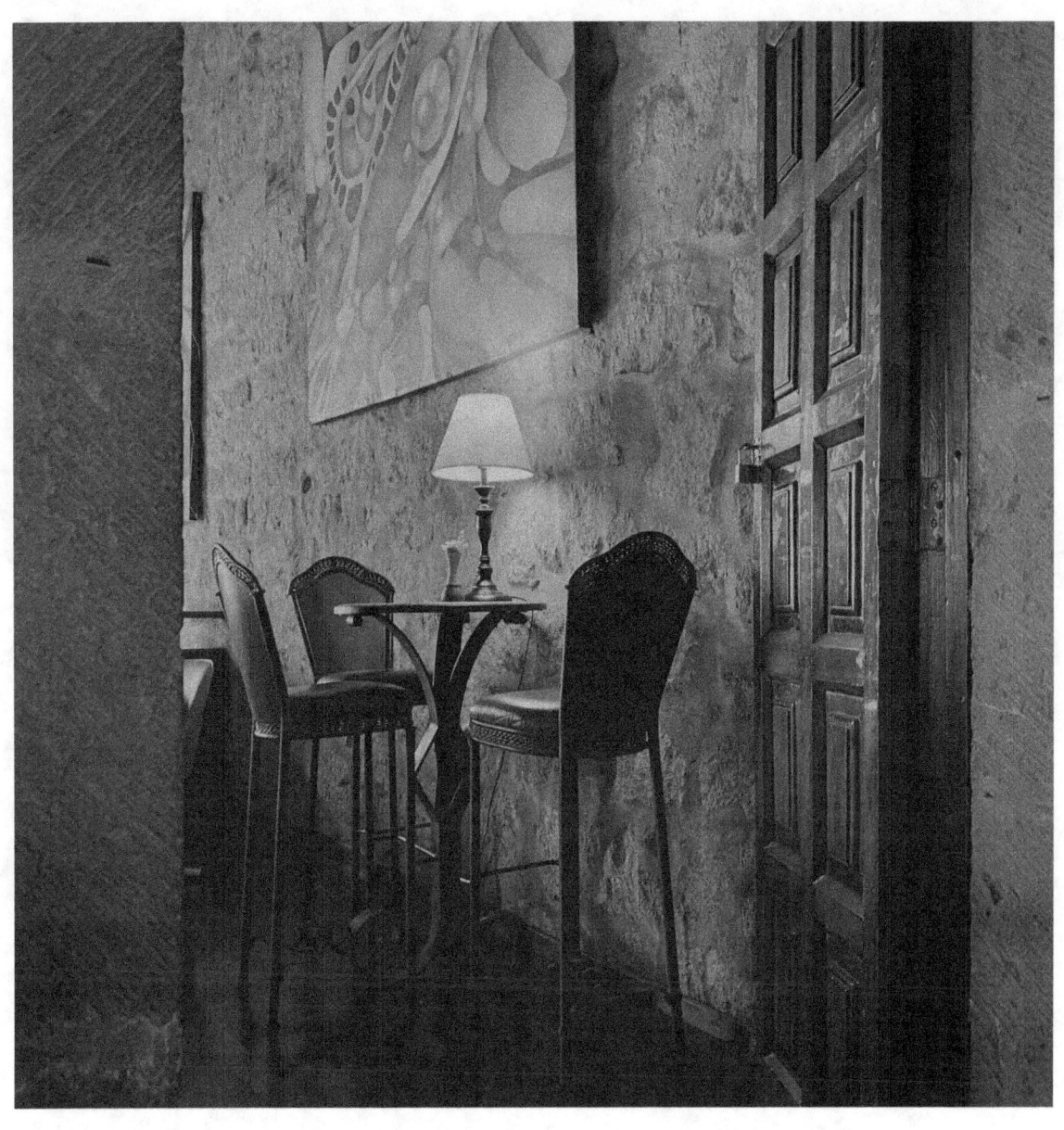

Sin título. Morelia, Michoacán

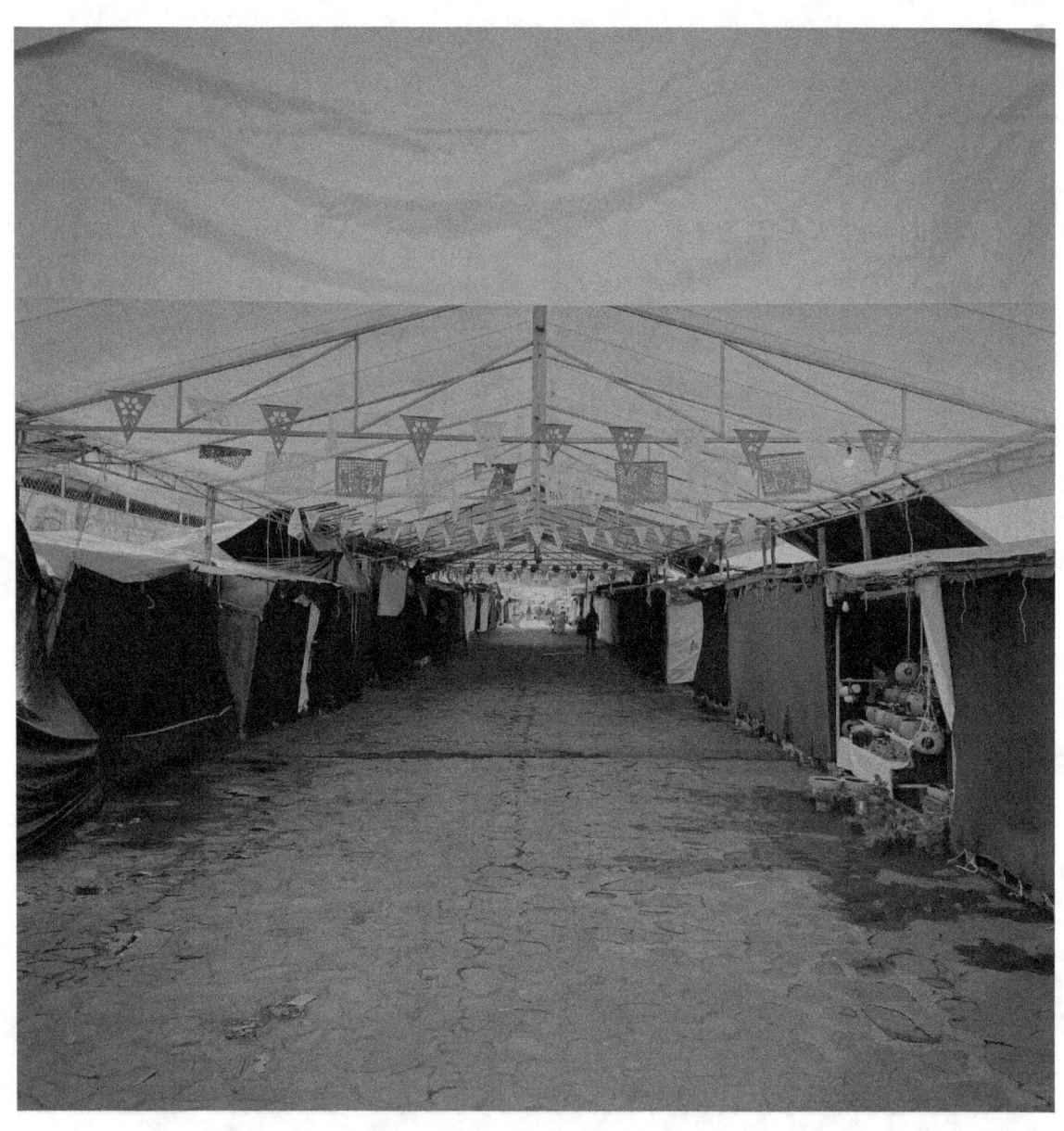

Sin título. Capula, Michoacán

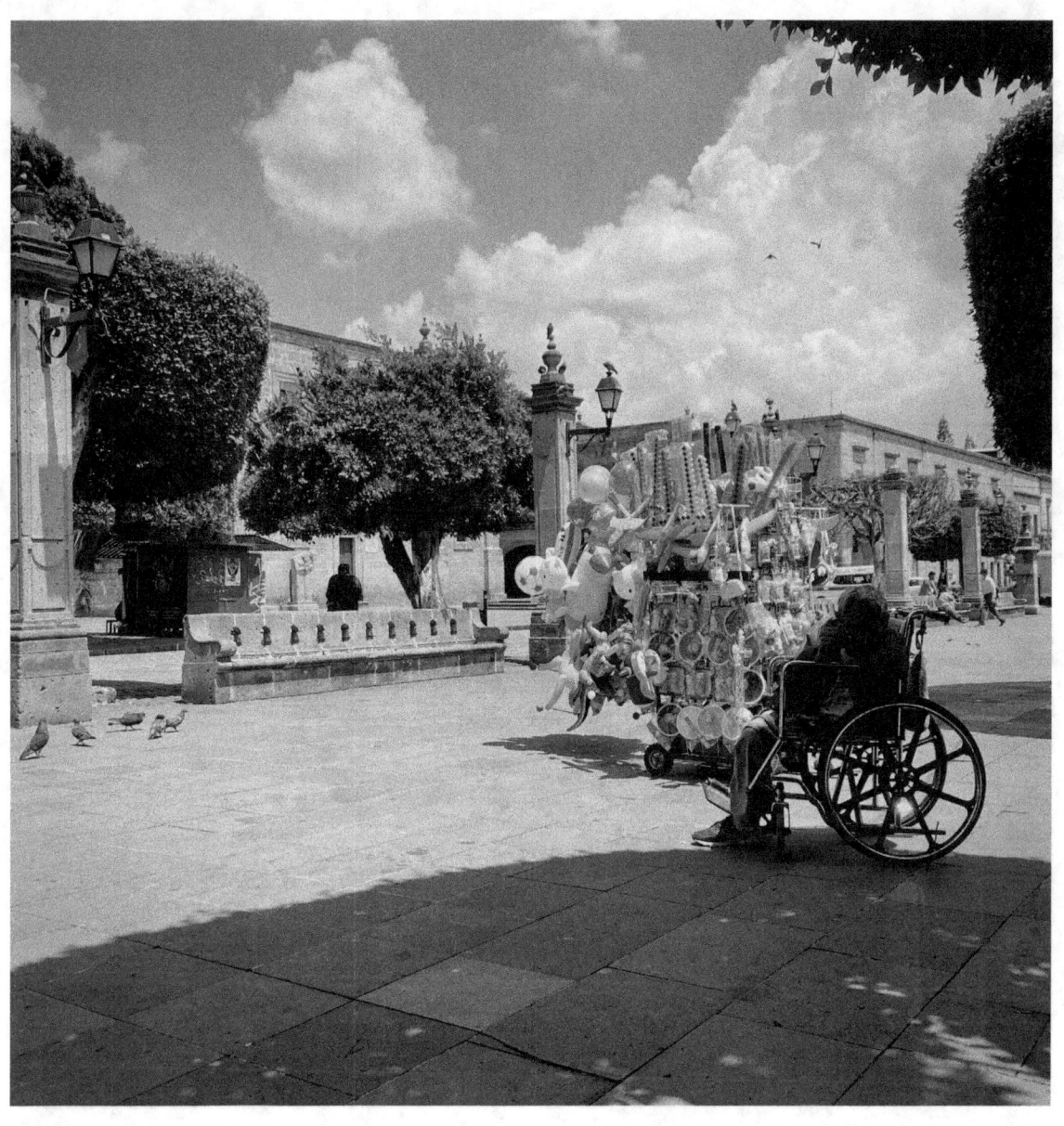

Sin título. Morelia, Michoacán

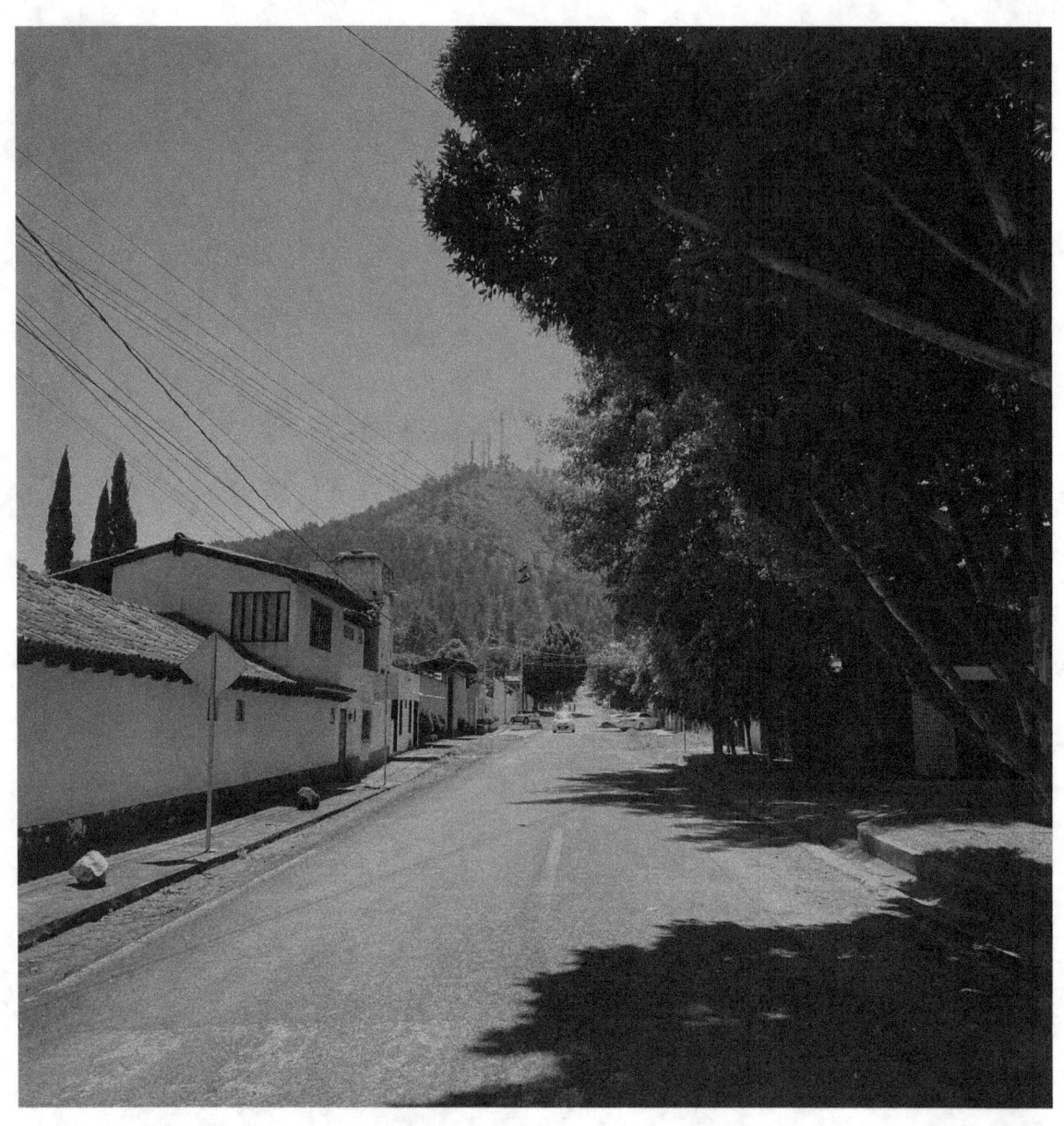

Sin título. Pátzcuaro, Michoacán

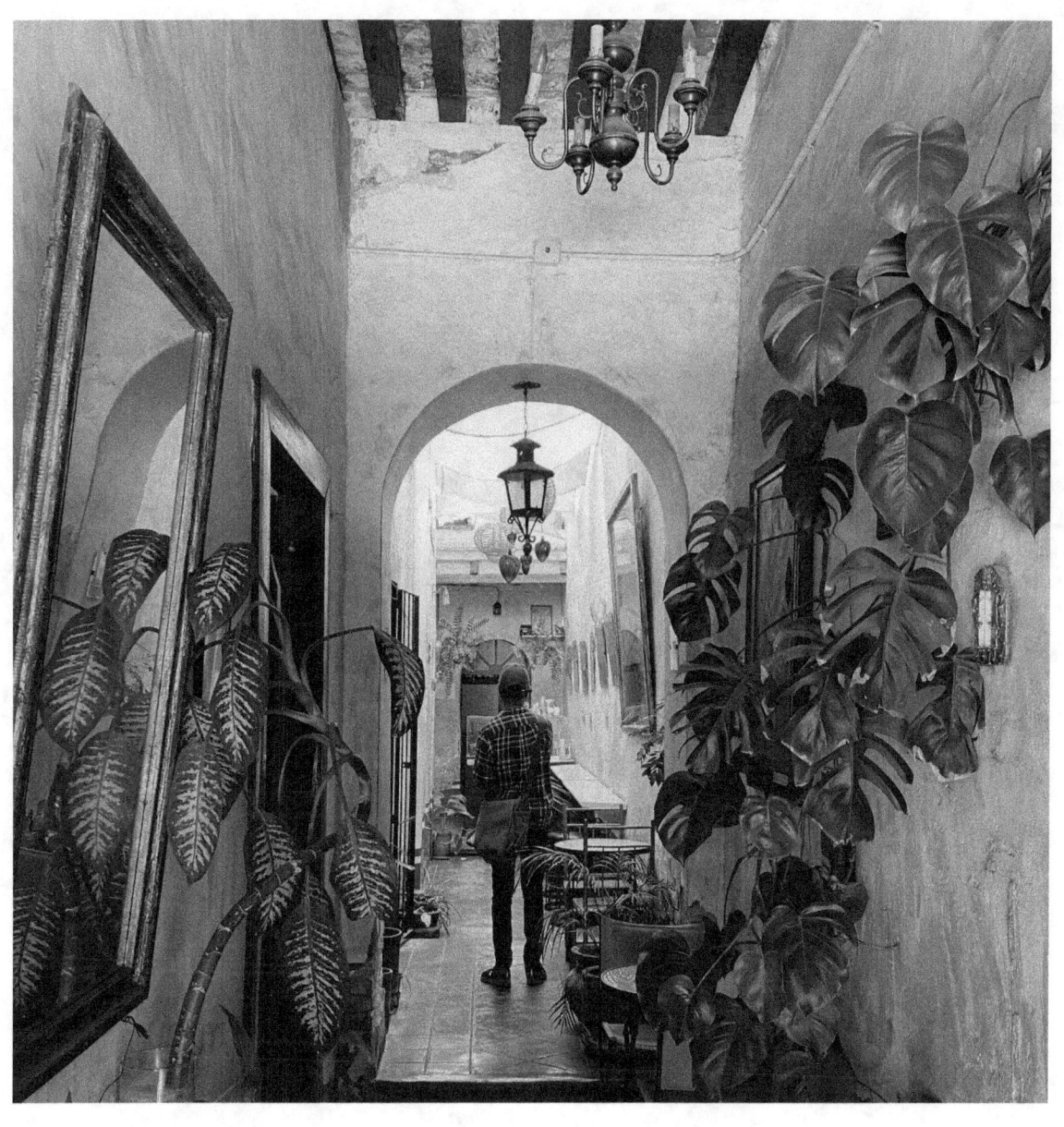

Carlitos pt.4. Morelia, Michoacán

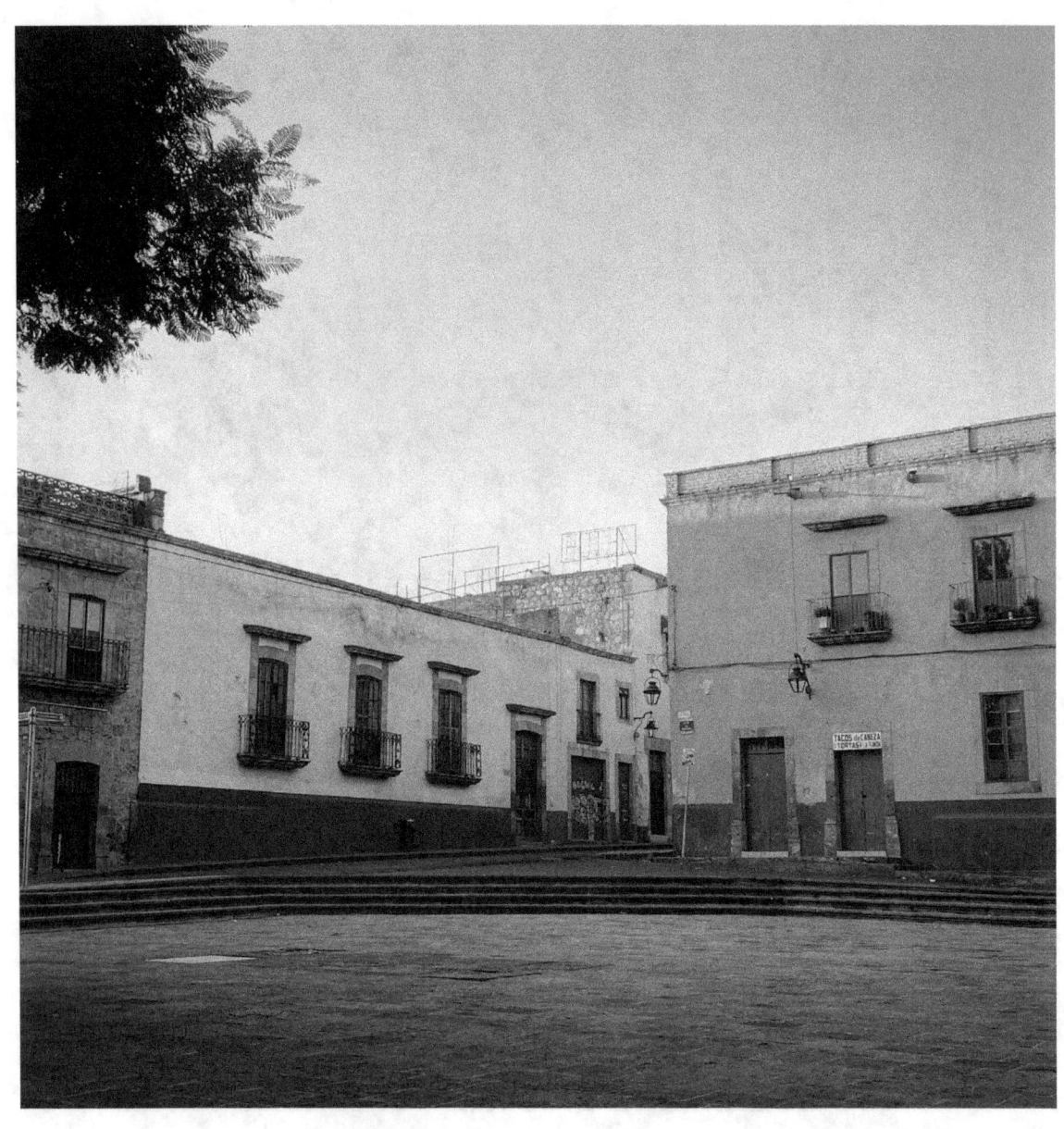

Sin título. Morelia, Michoacán

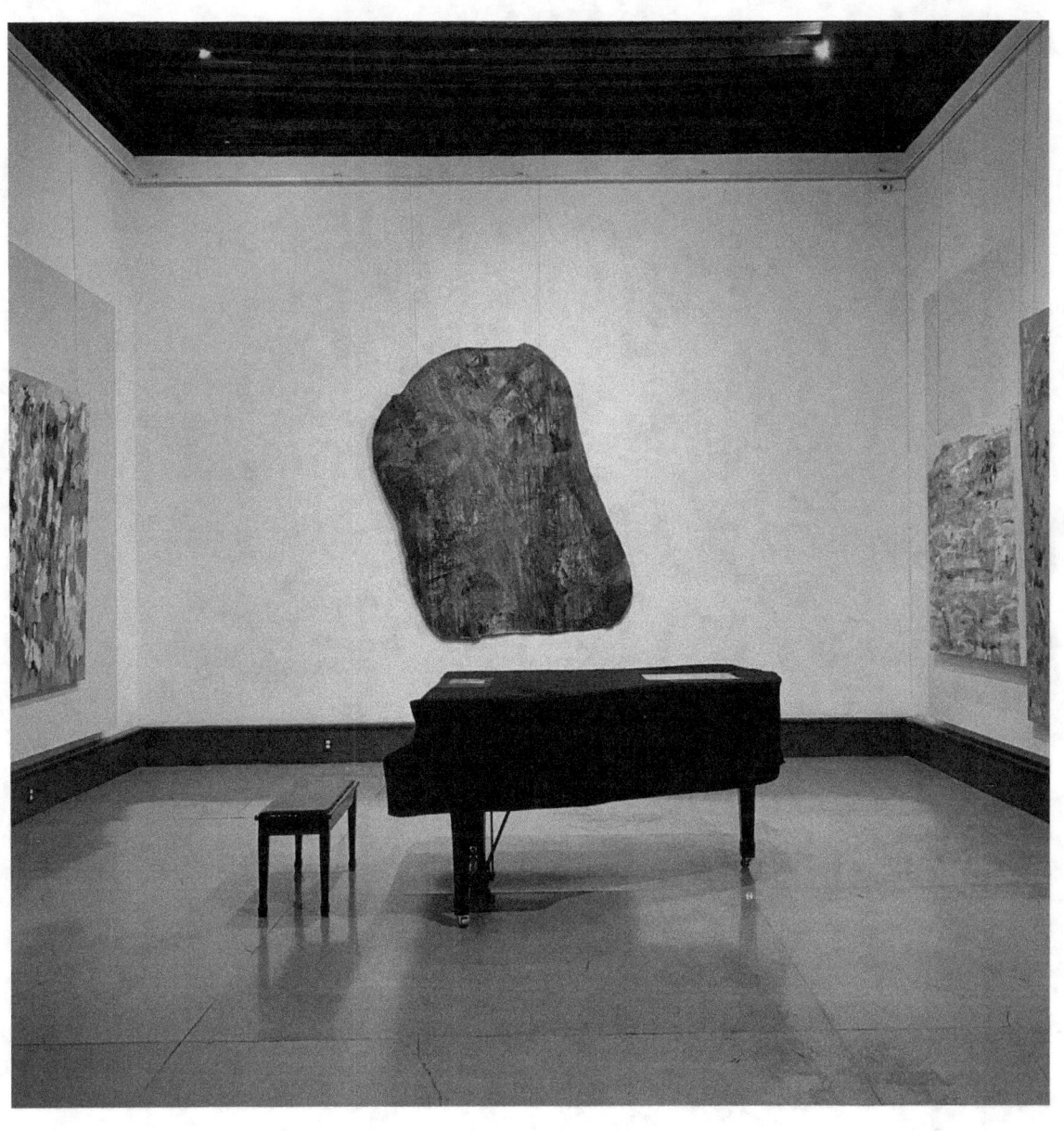

Tócame, hazlo por favor. Morelia, Michoacán

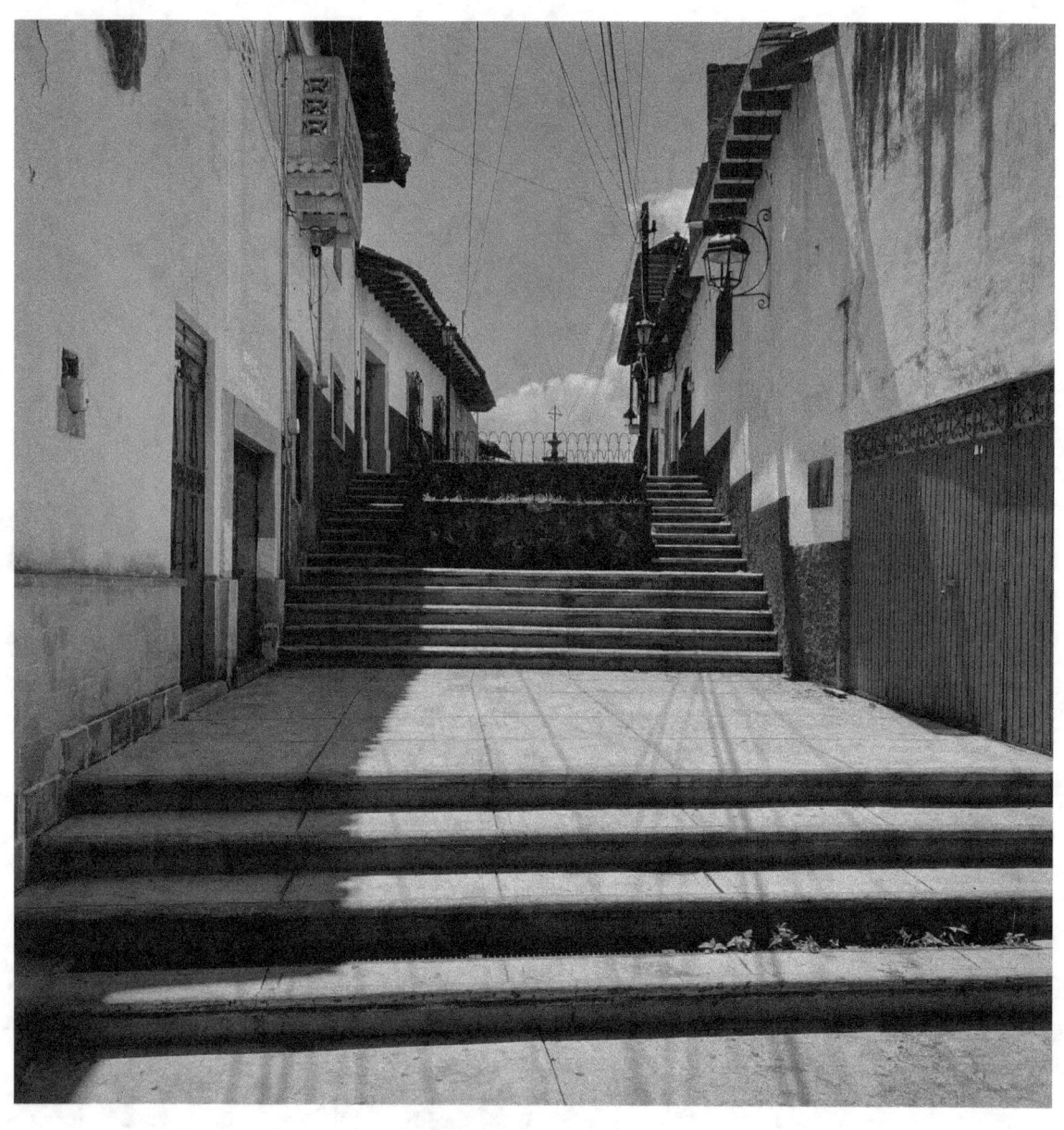

Sin título. Pátzcuaro, Michoacán

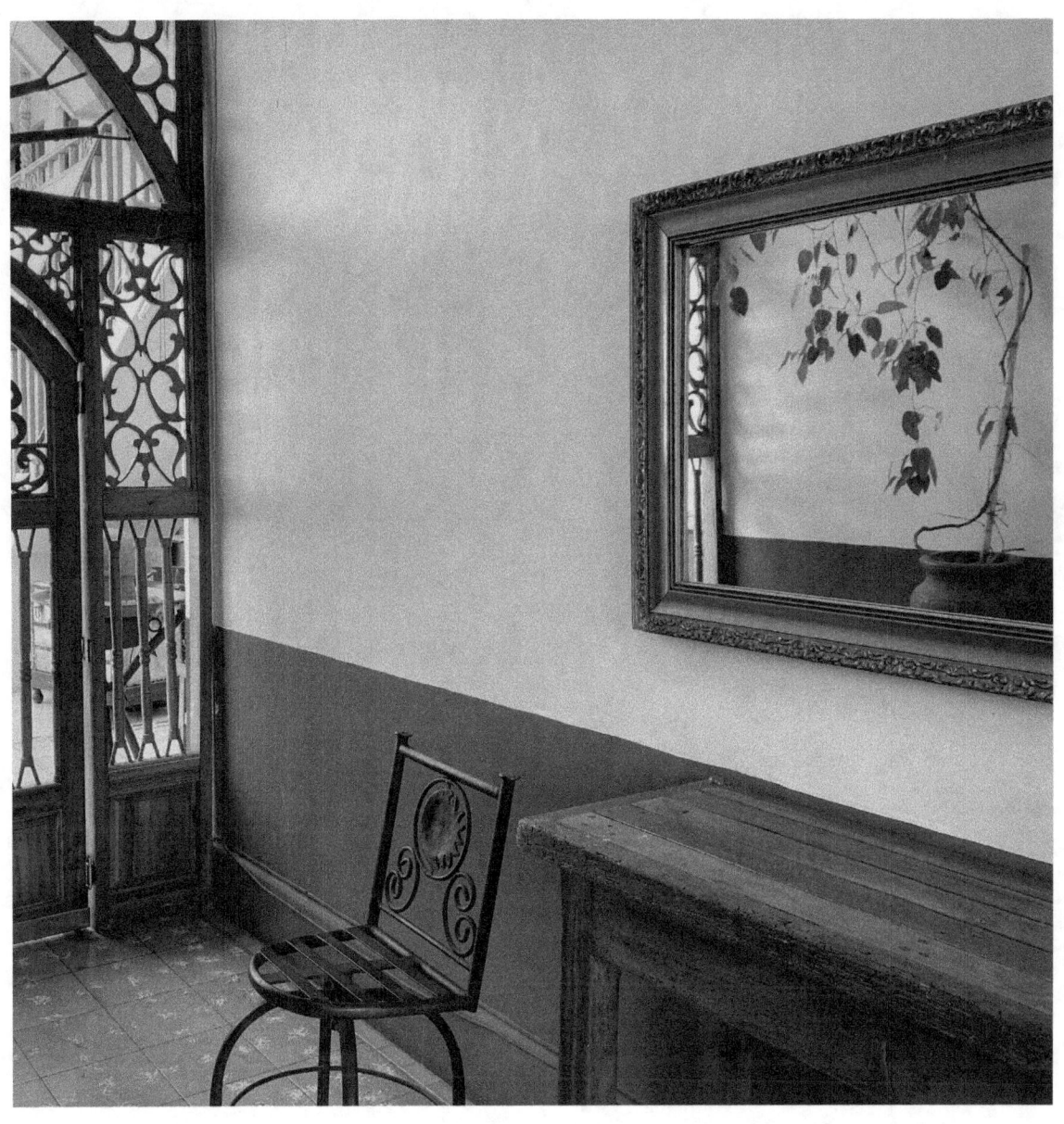

Sin título. Morelia, Michoacán

TE VEO

Desde calles y avenidas,
miramos hacia el infinito,
perspectivas que se forman
por todas partes.
La vida es un camino
lleno de posibilidades, donde
el horizonte es el límite que
se puede alcanzar.

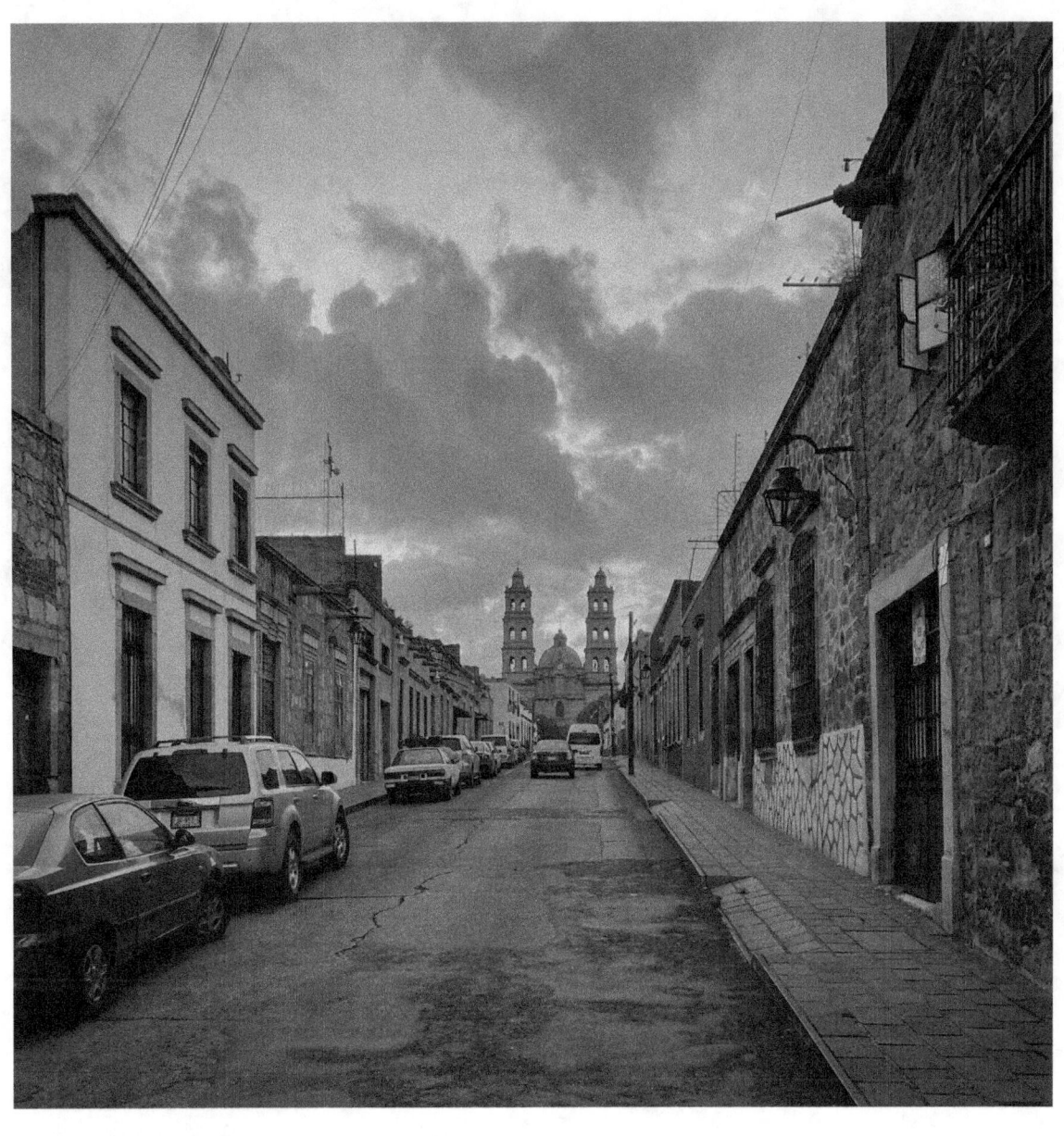

Sin título. Morelia, Michoacán

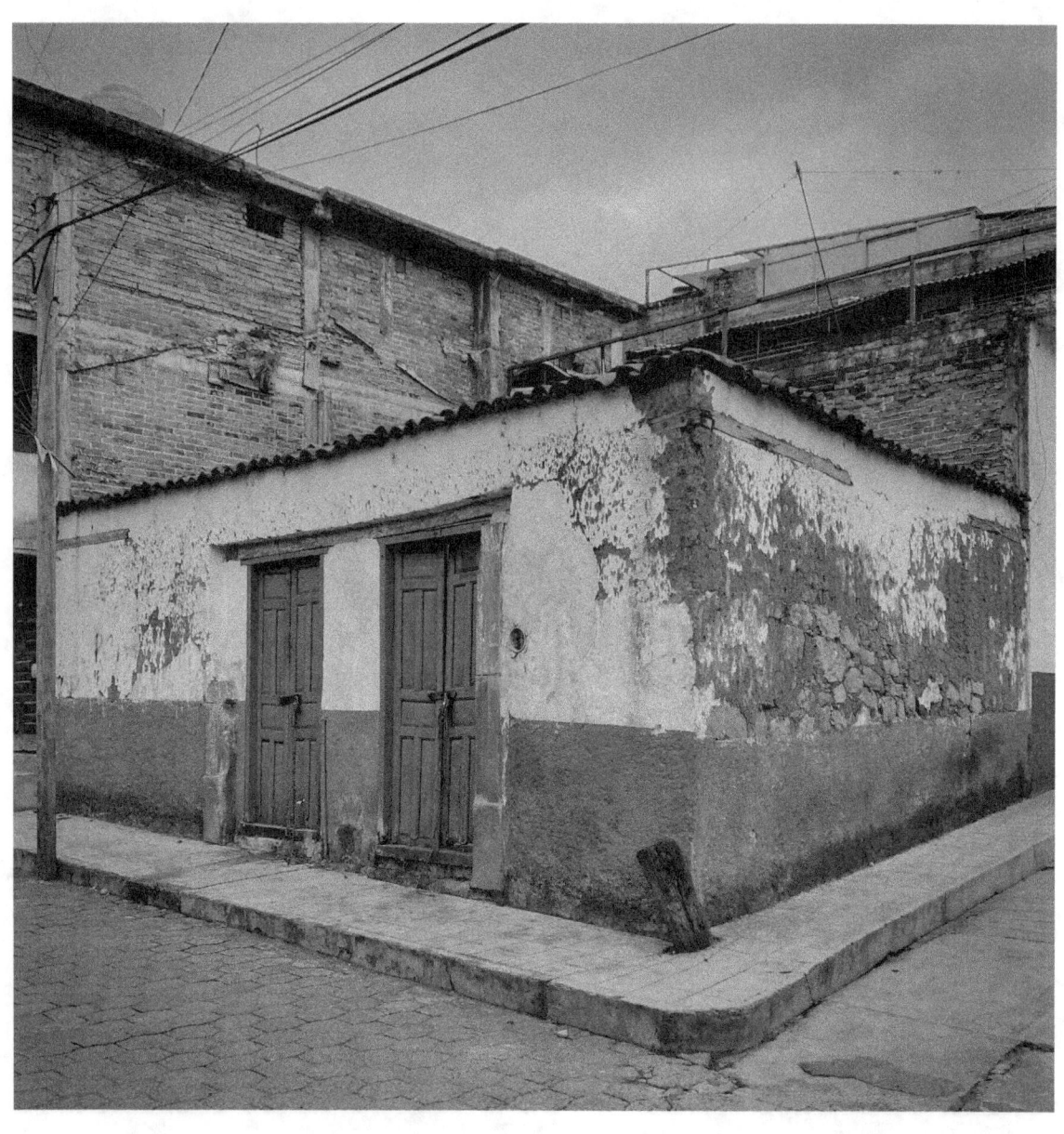

Sin título. Santa Clara del Cobre, Michoacán

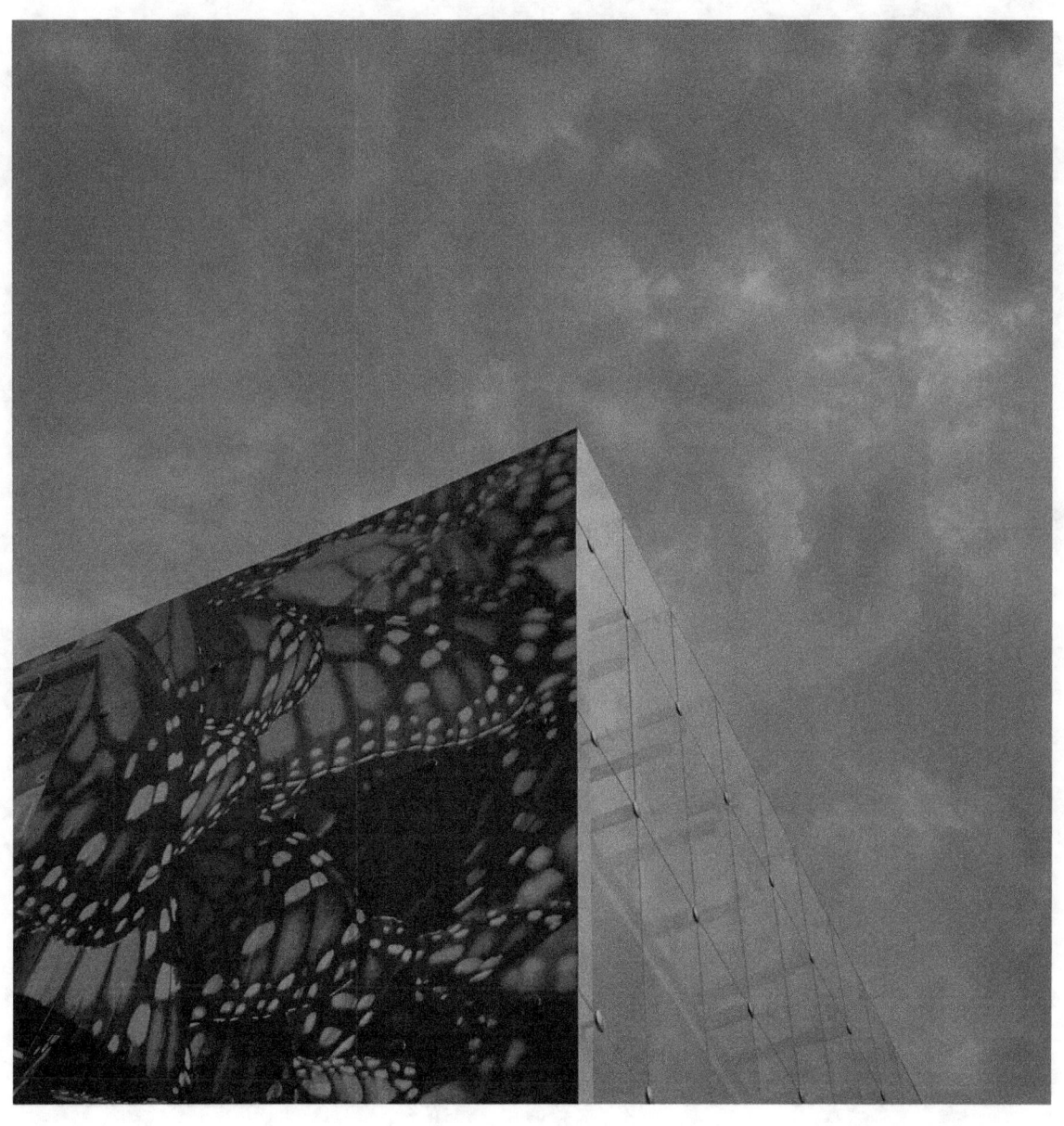

Sin título. Morelia, Michoacán

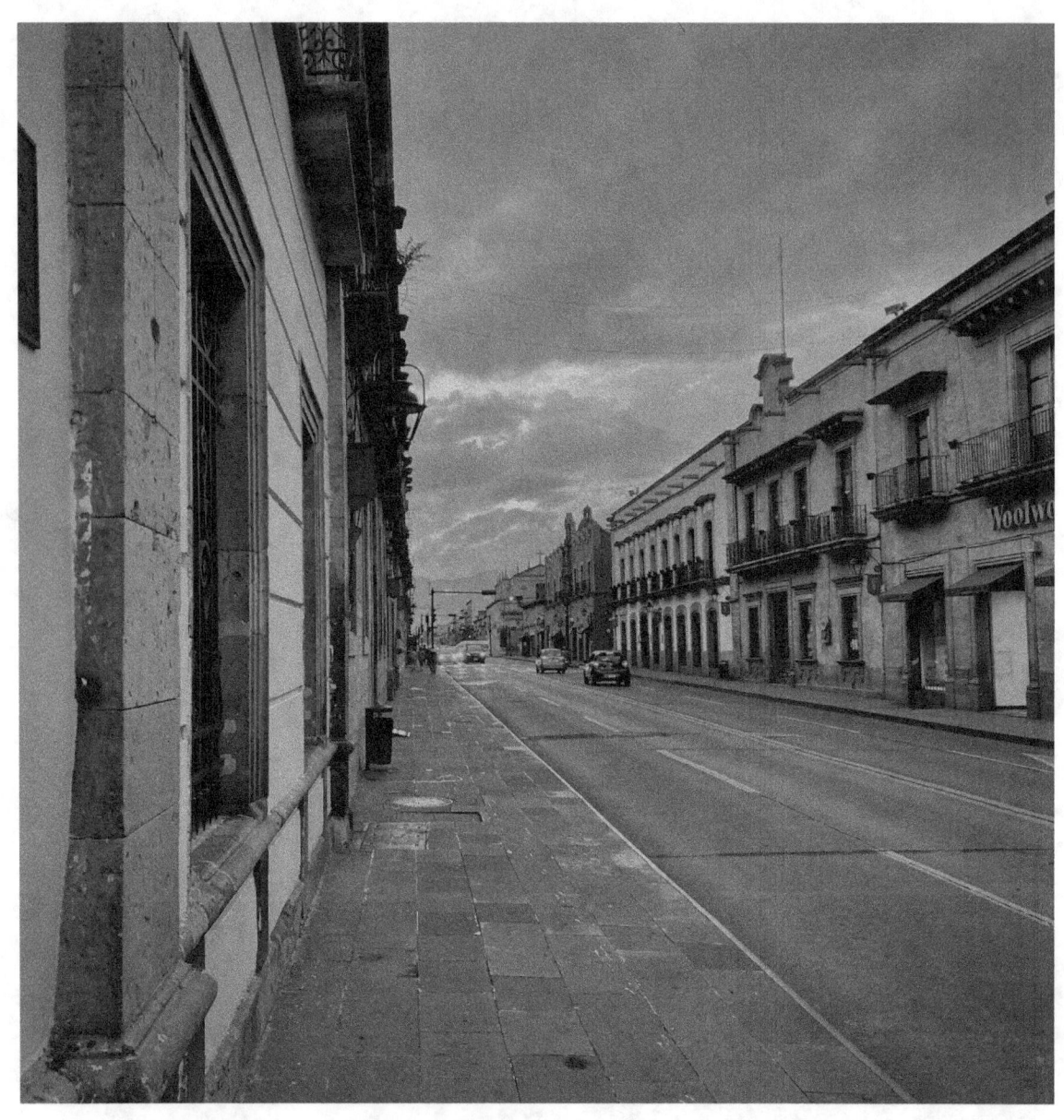

Sin título. Morelia, Michoacán

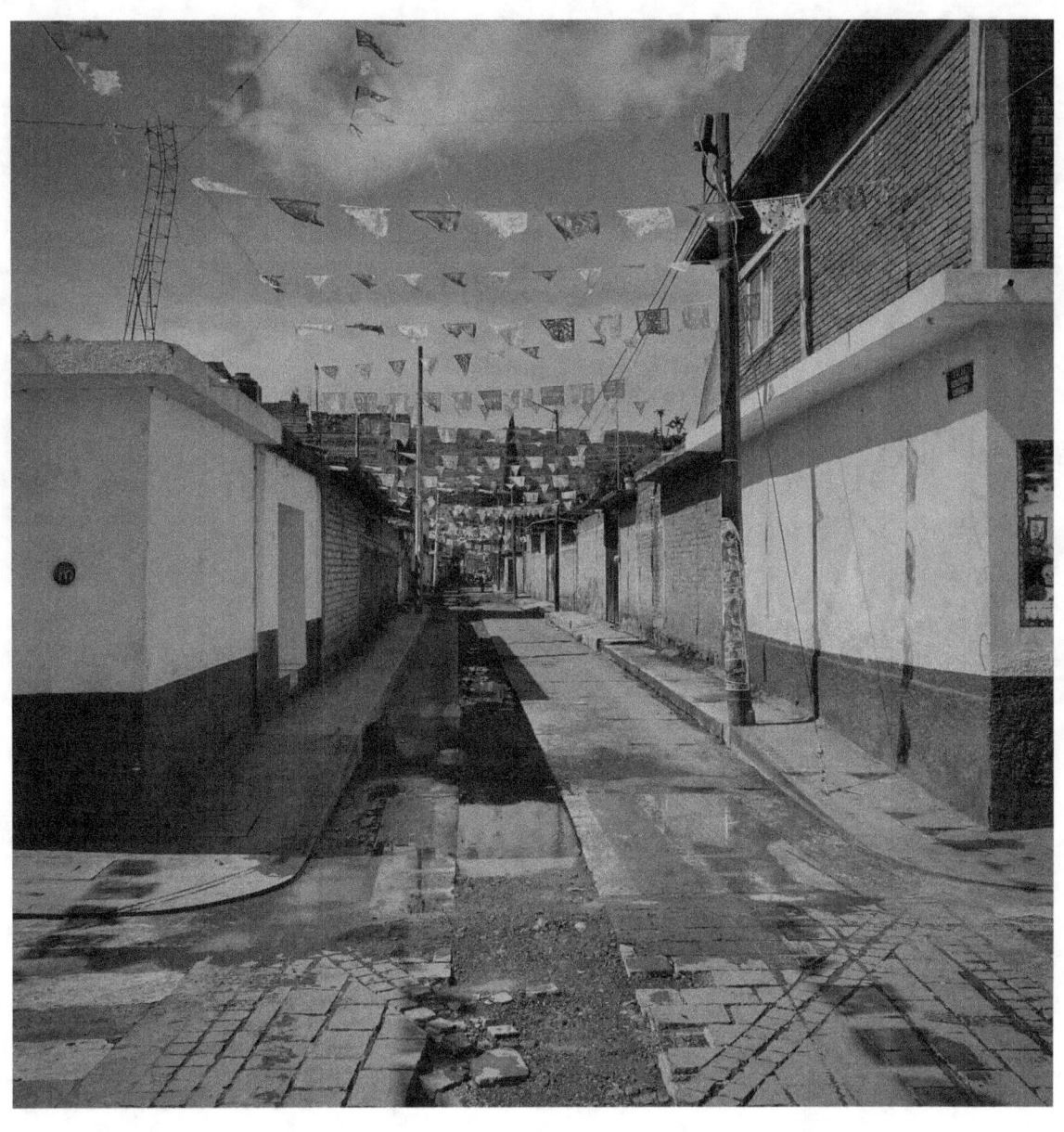

Sin título. Capula, Michoacán

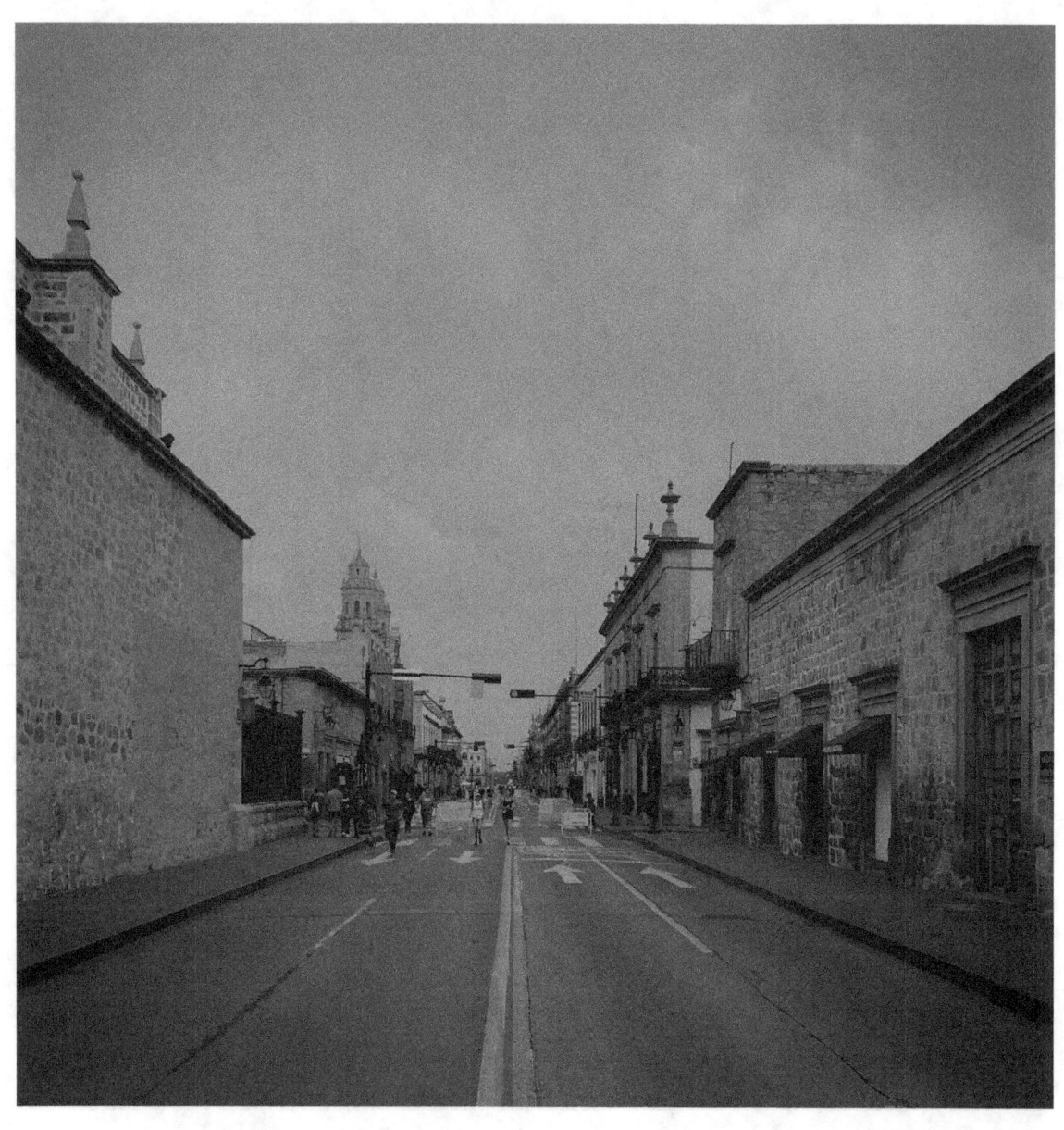

Domingo por la mañana. Morelia, Michoacán

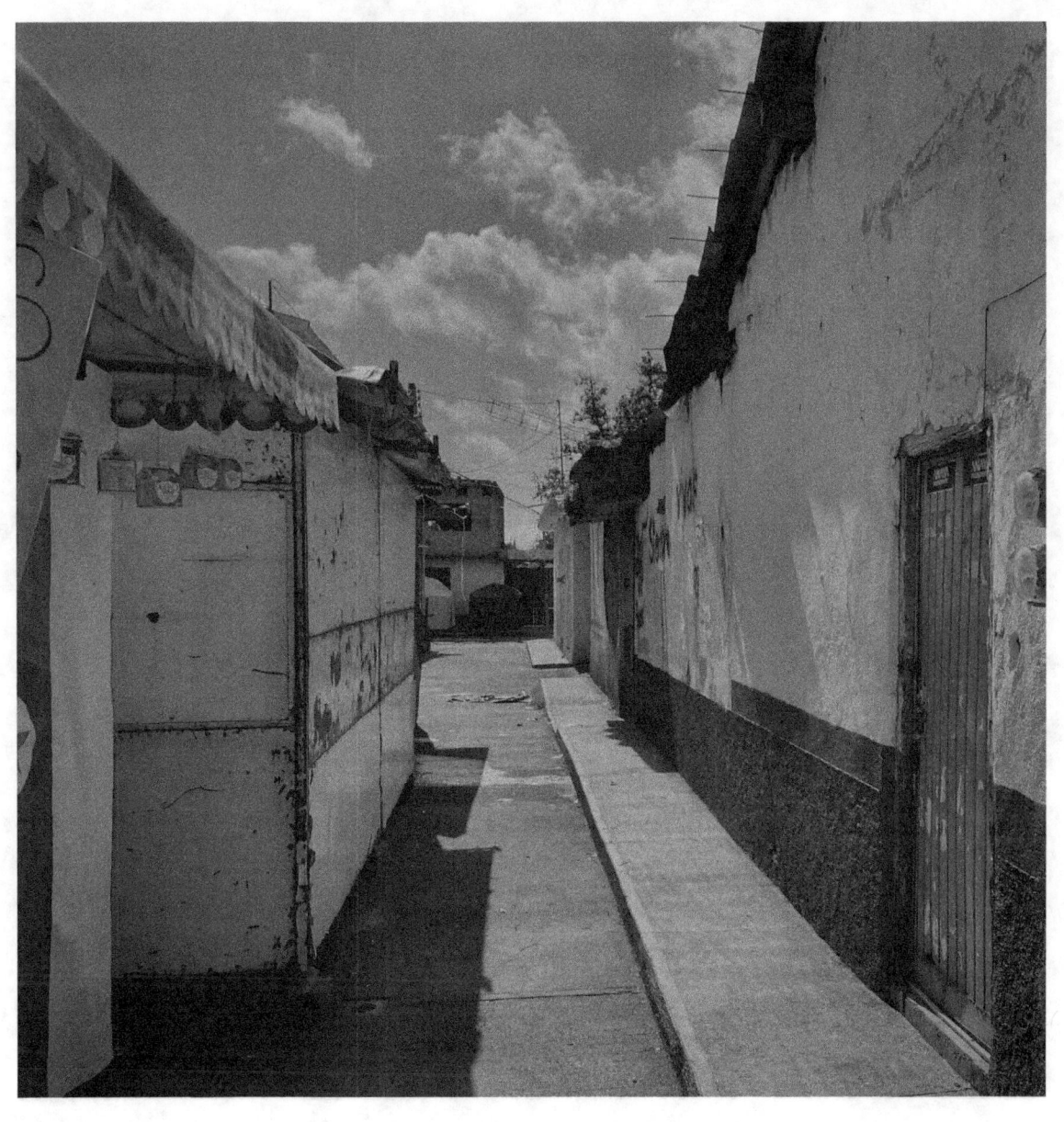

Sin título. Capula, Michoacán

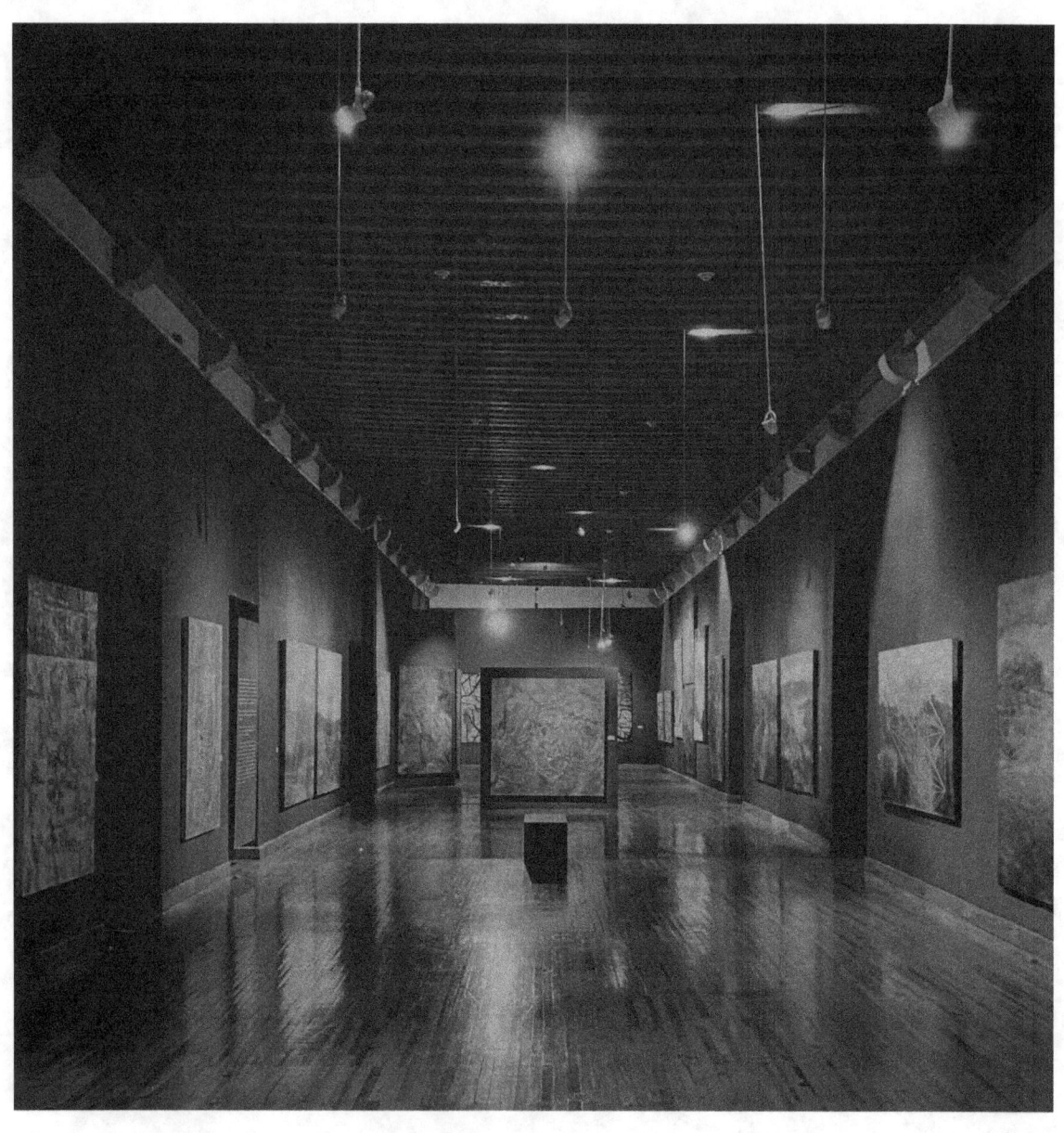

Sin título. Morelia, Michoacán

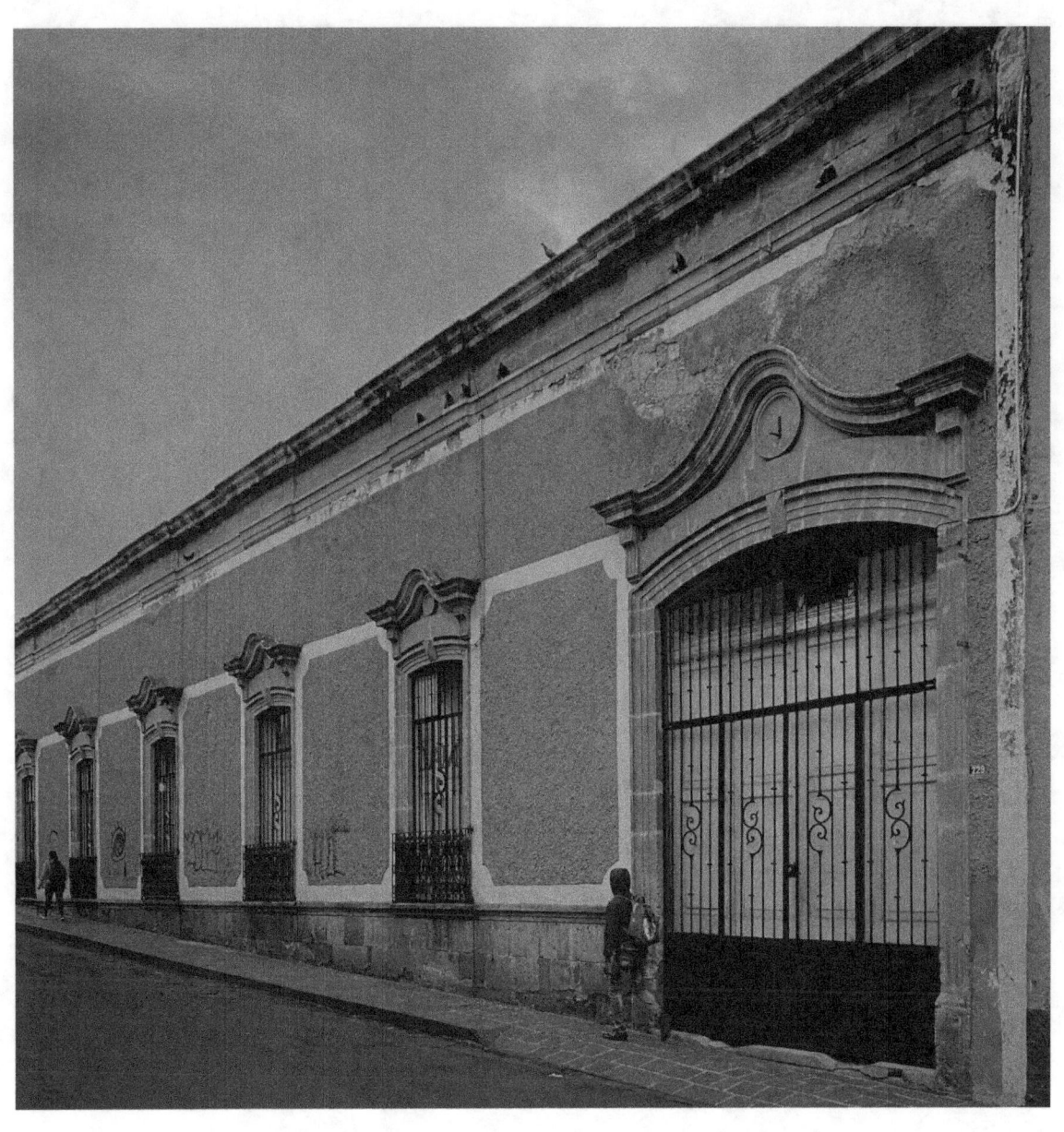

Sin título. Morelia, Michoacán

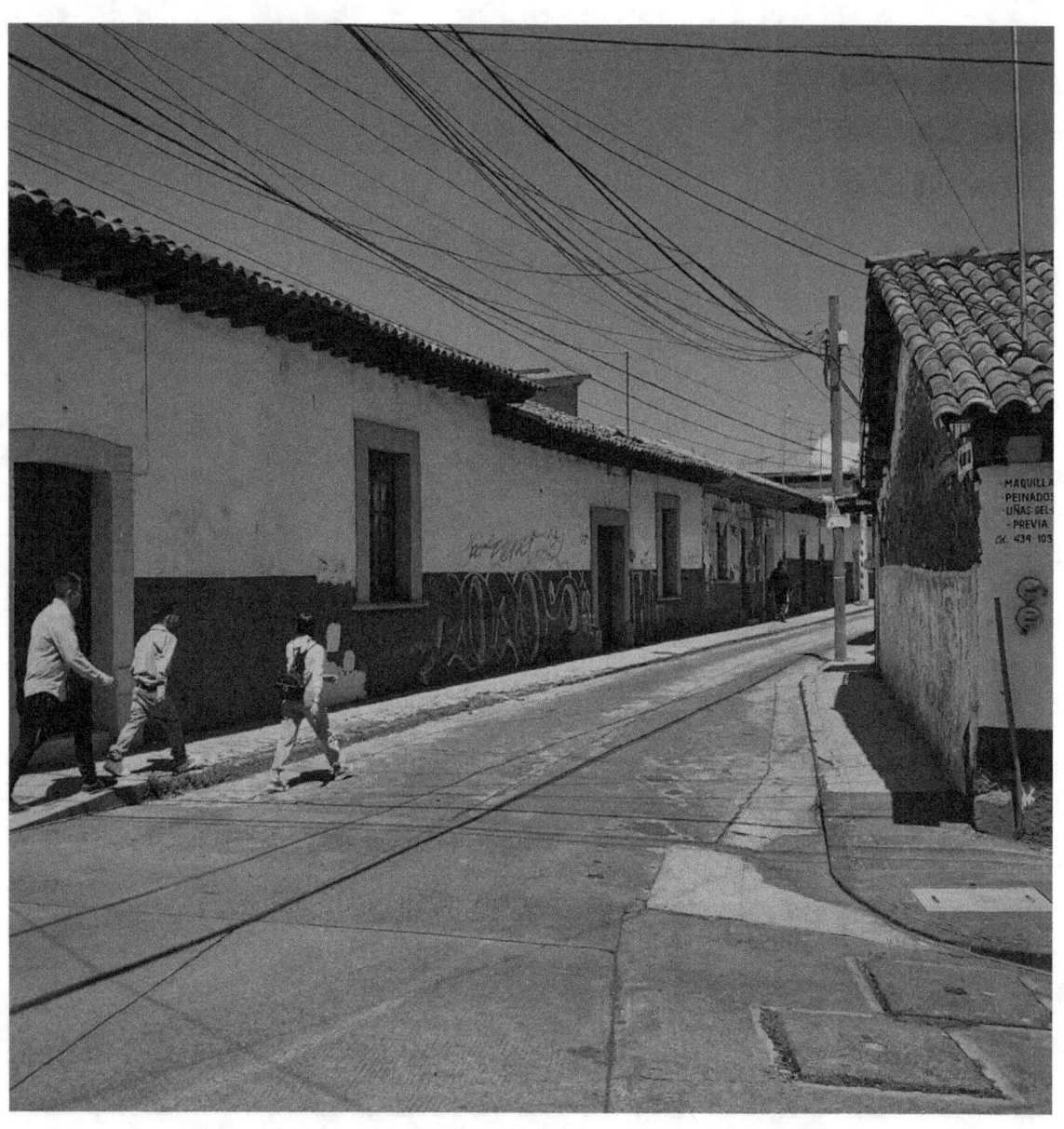

Sin título. Pátzcuaro, Michoacán

Sin título. Morelia, Michoacán

DETRÁS DE TI

Las personas van y vienen, en multitudes
y en solitario, coches que vienen y van,
en un vaivén constante del día a día.

Las calles son un ir y venir, de personas
y vehículos. Un caos organizado,
que fluye sin descansar; en medio de todo,
en medio de las multitudes, cada uno con sus
pensamientos, sus historias y perspectivas.

A pesar de todo, de todo el ajetreo
y la prisa, el día a día sigue adelante,
la vida sigue su curso.

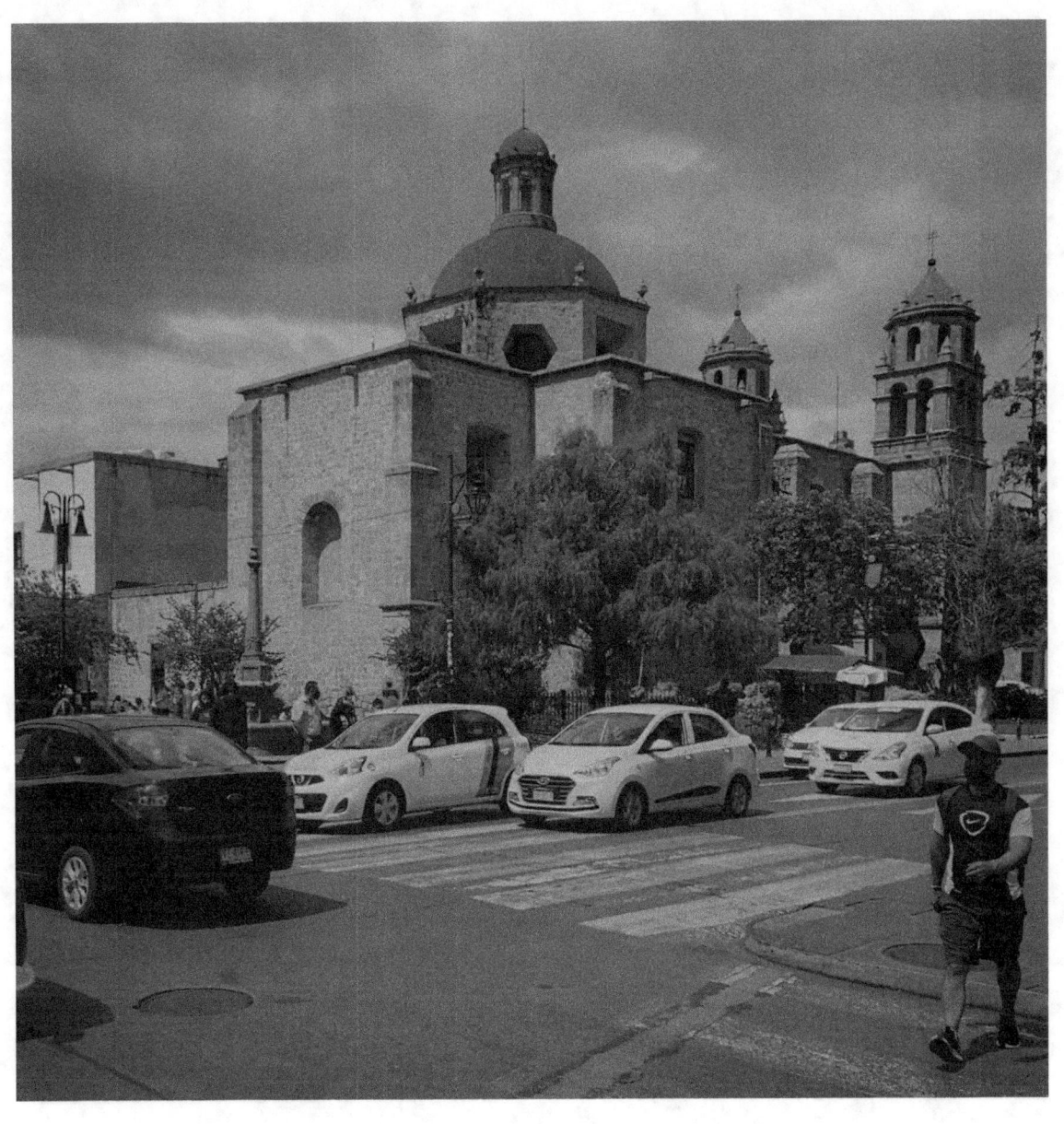

Sin título. Morelia, Michoacán

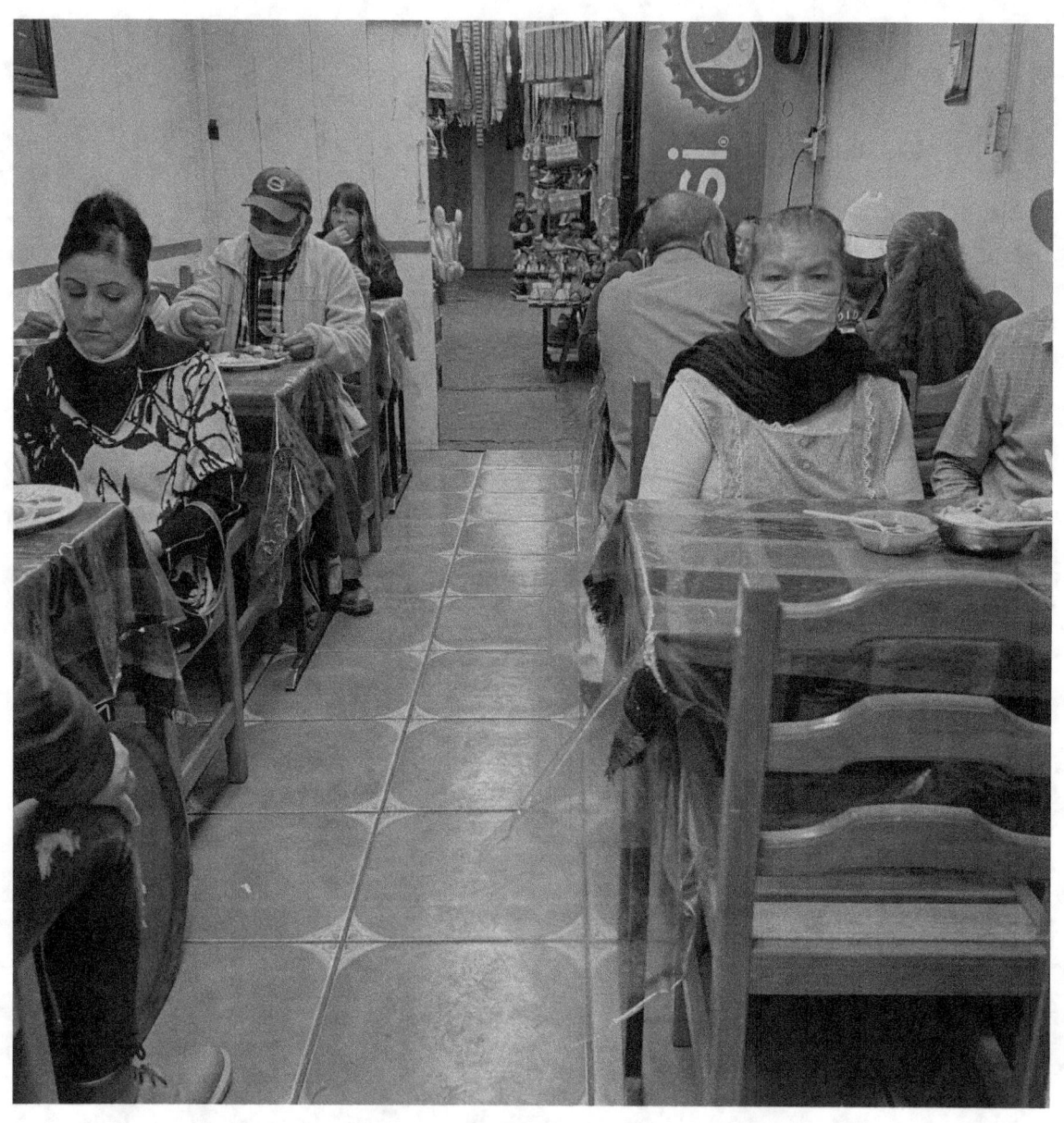

Sin título. Pátzcuaro, Michoacán

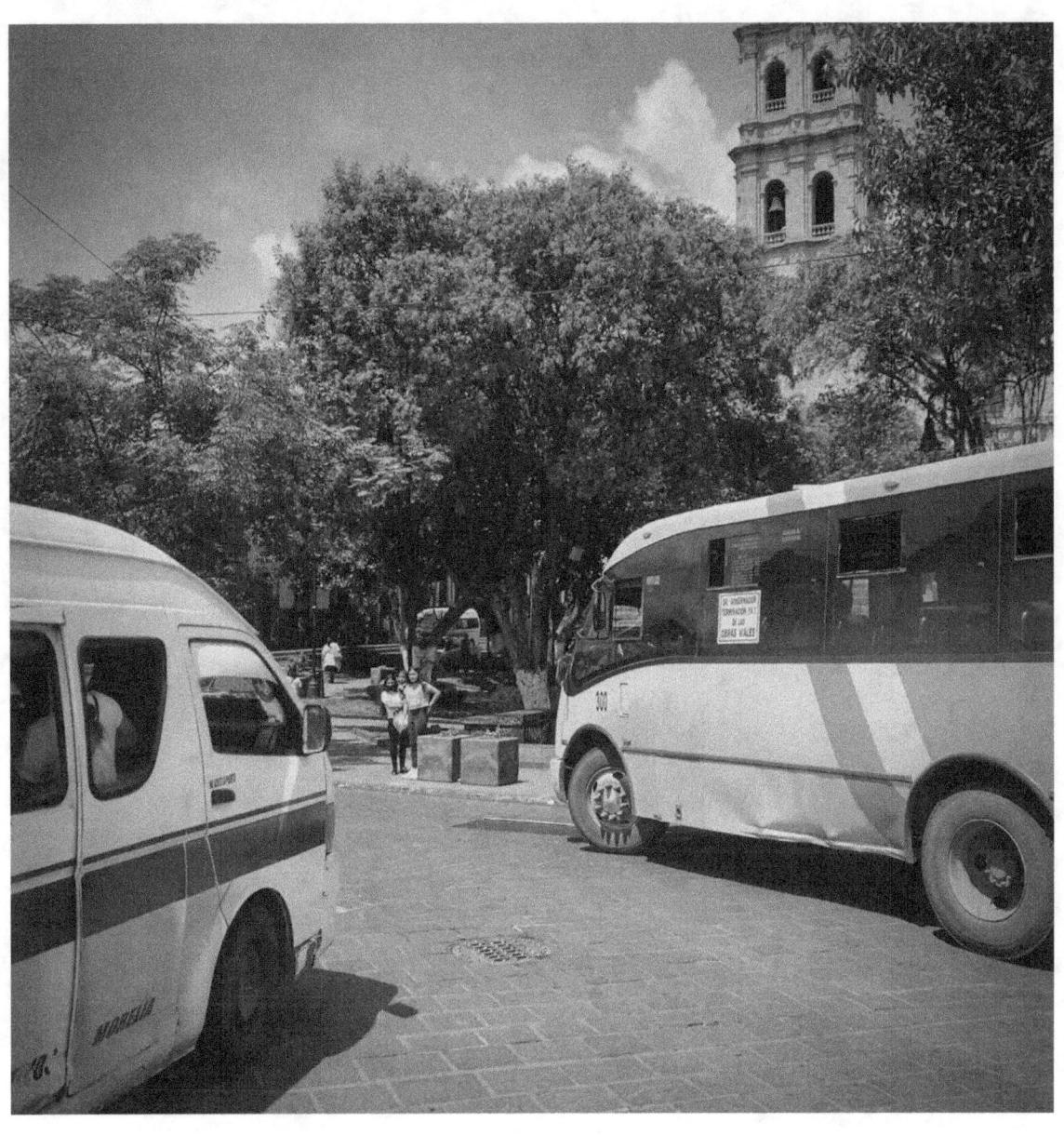

Sin título. Morelia, Michoacán

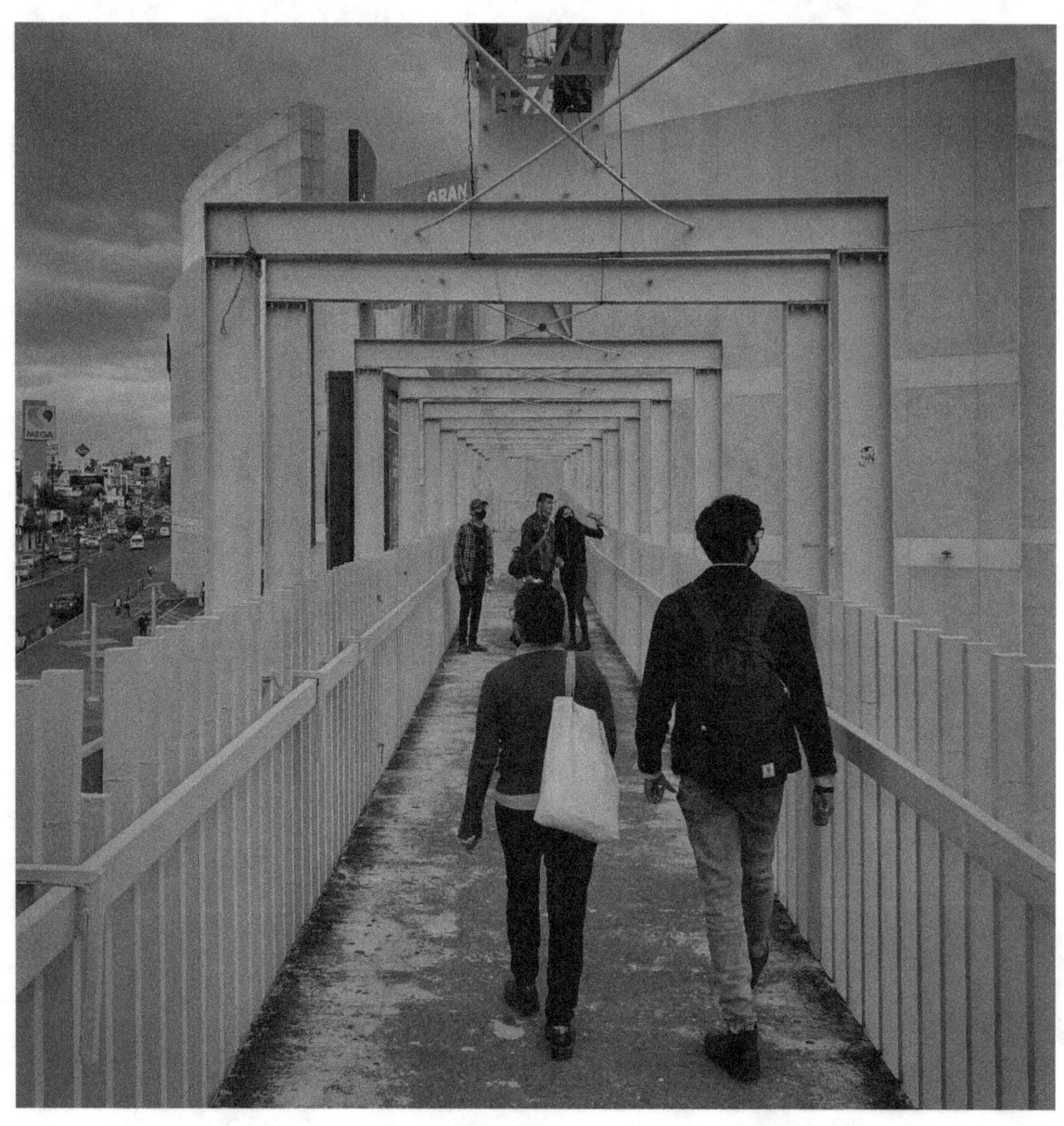

Sin título. Morelia, Michoacán

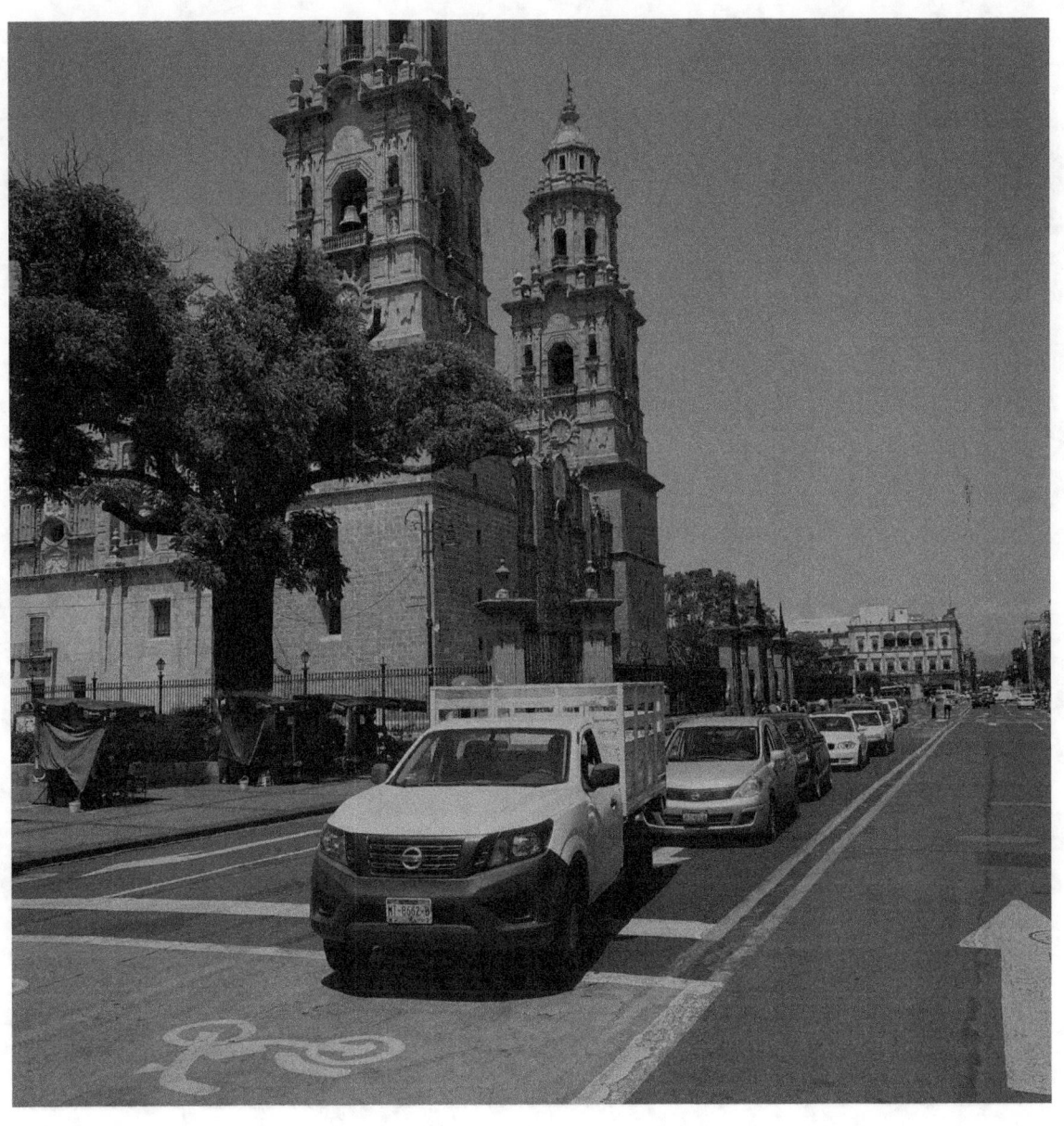

Sin título. Morelia, Michoacán

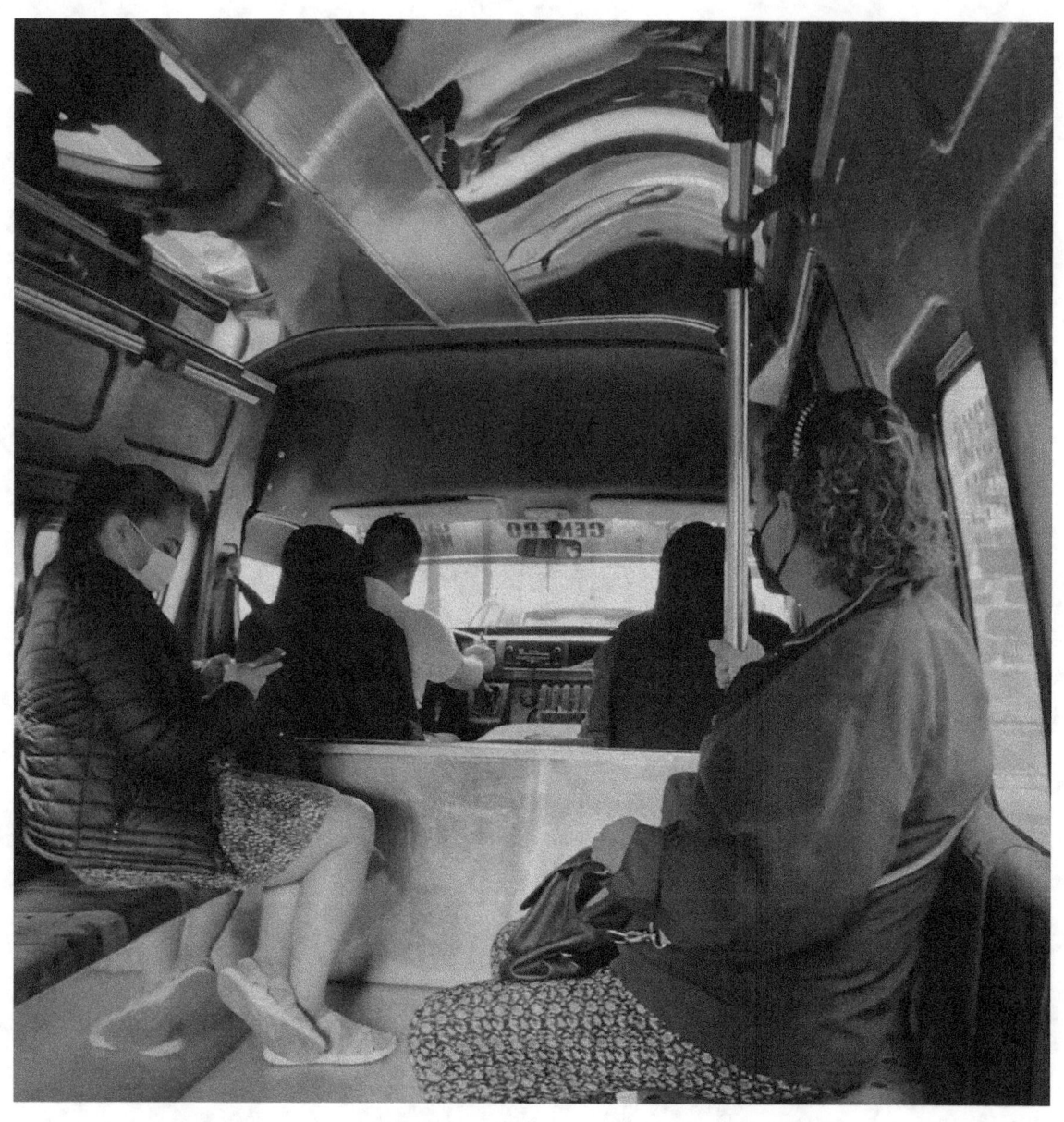

Sin título. Morelia, Michoacán

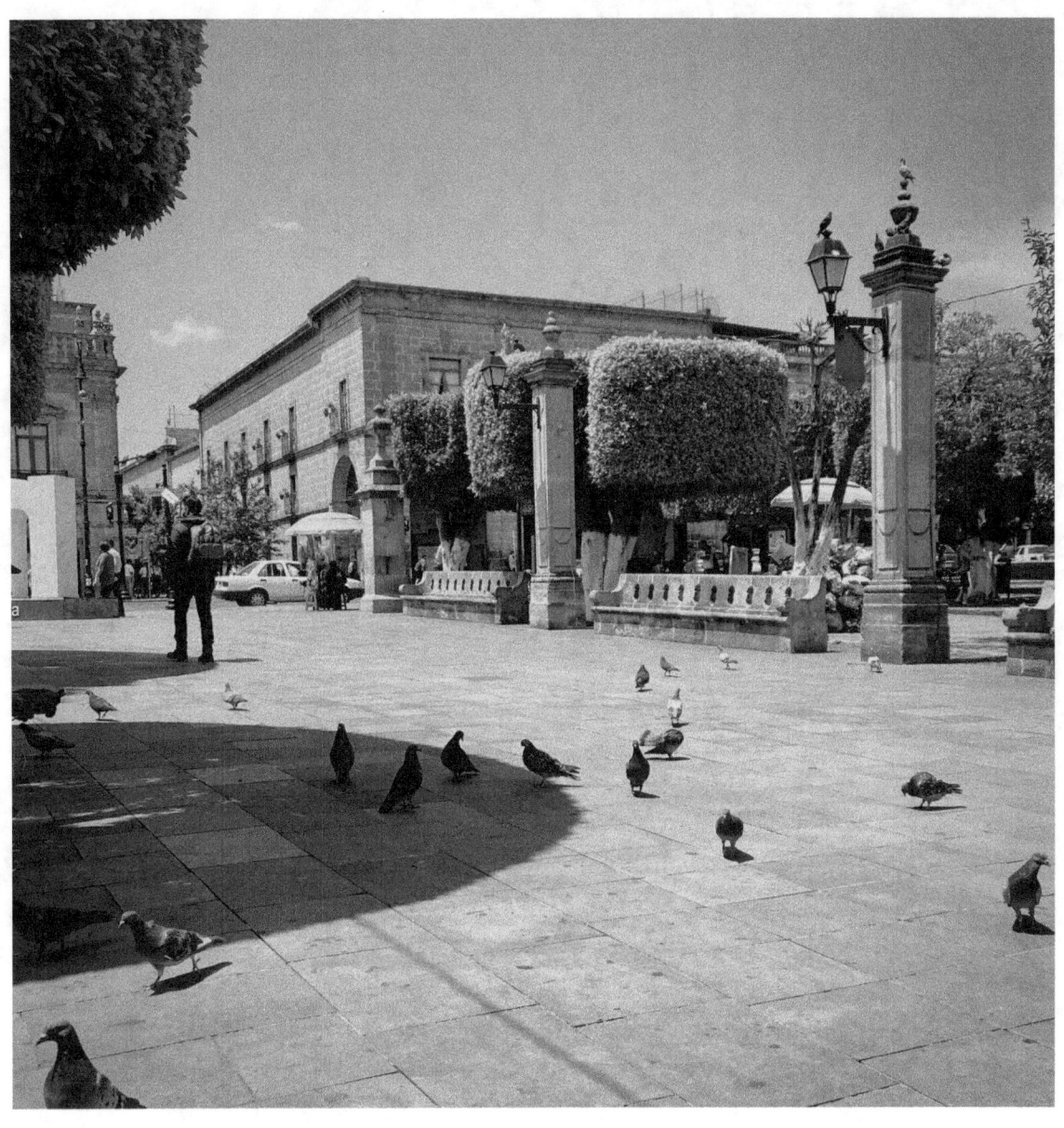

Sin título. Morelia, Michoacán

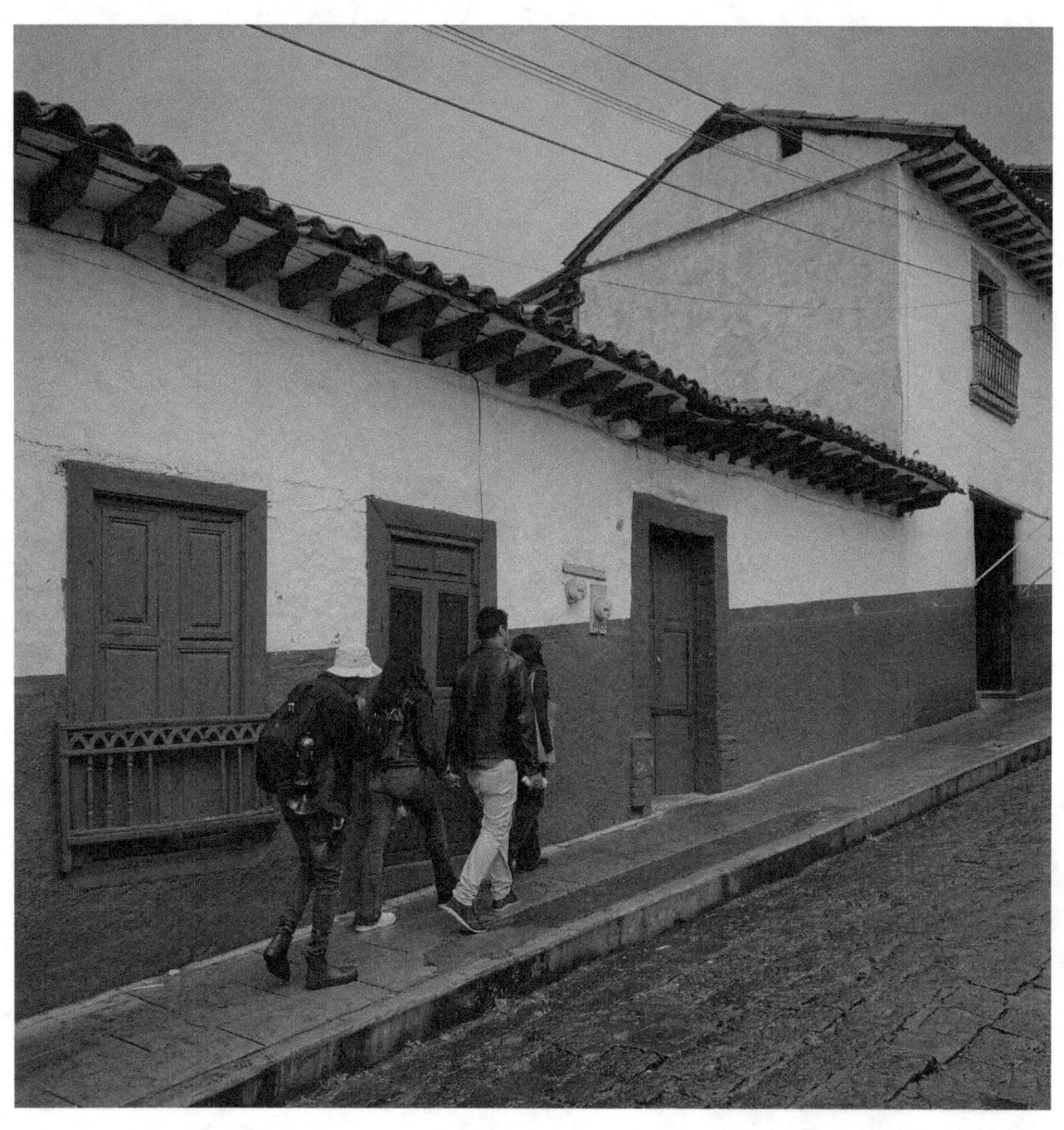

Abrazos cálidos. Pátzcuaro, Michoacán

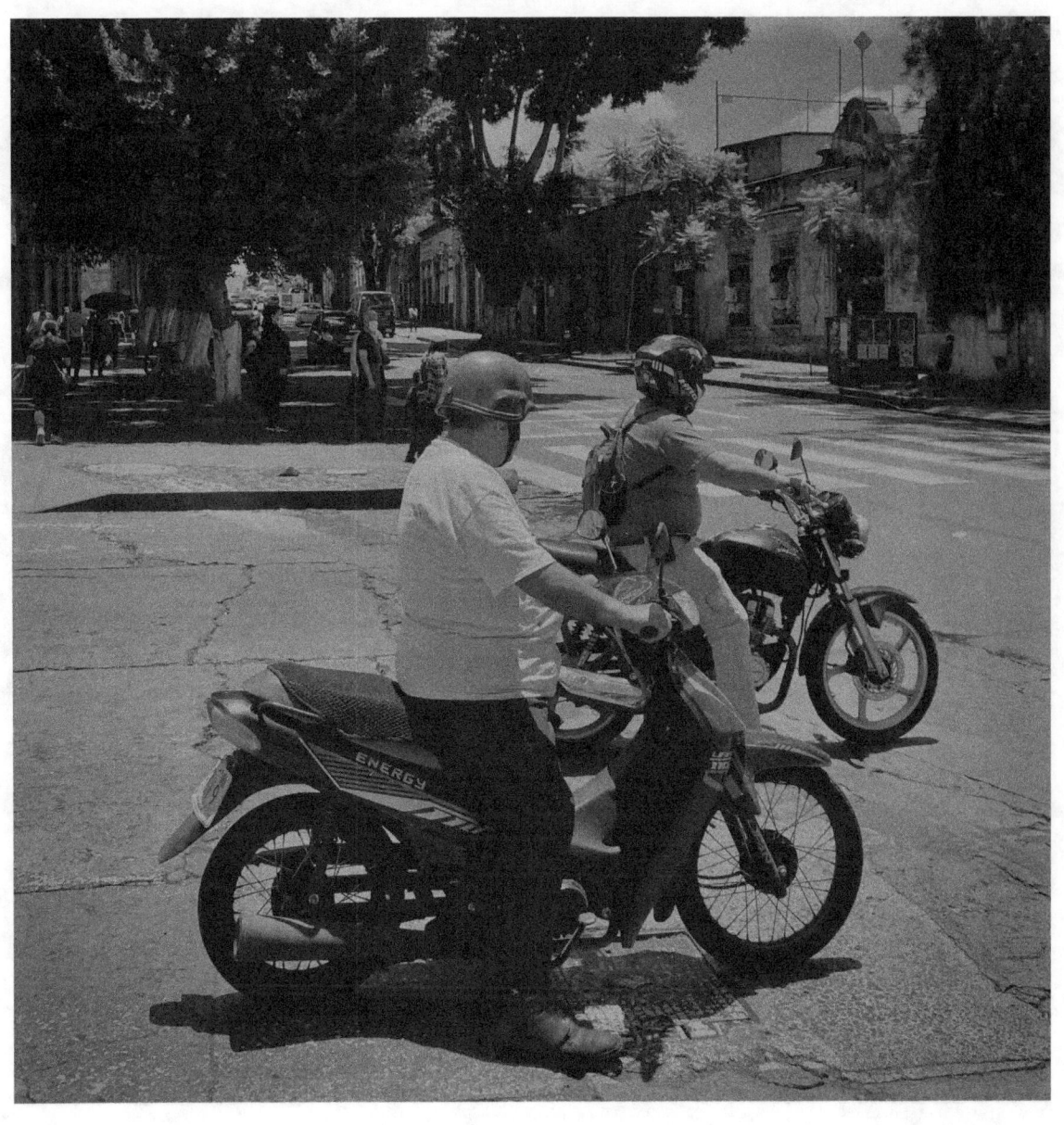

Sin título. Morelia, Michoacán

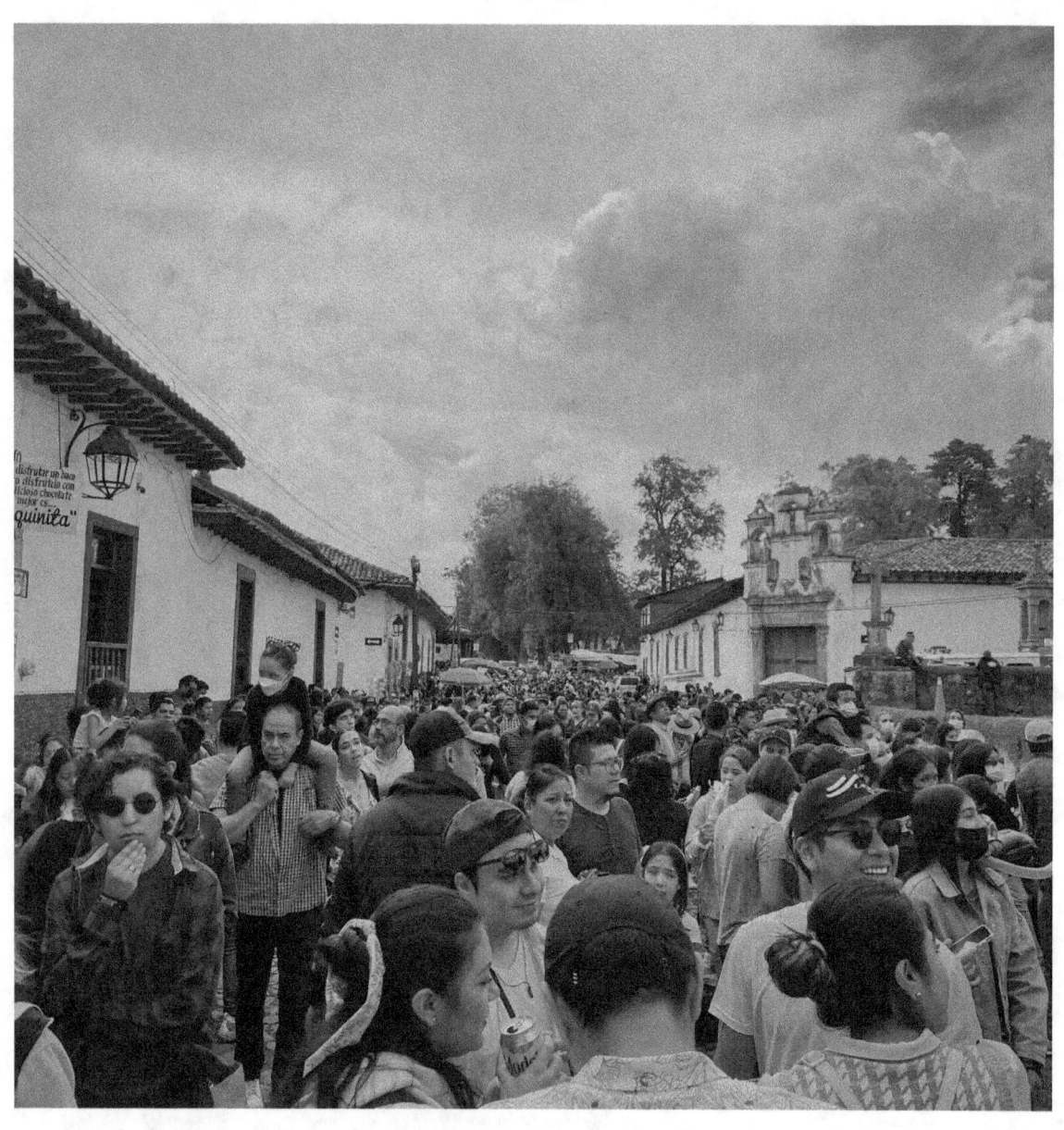

Sin título. Pátzcuaro, Michoacán

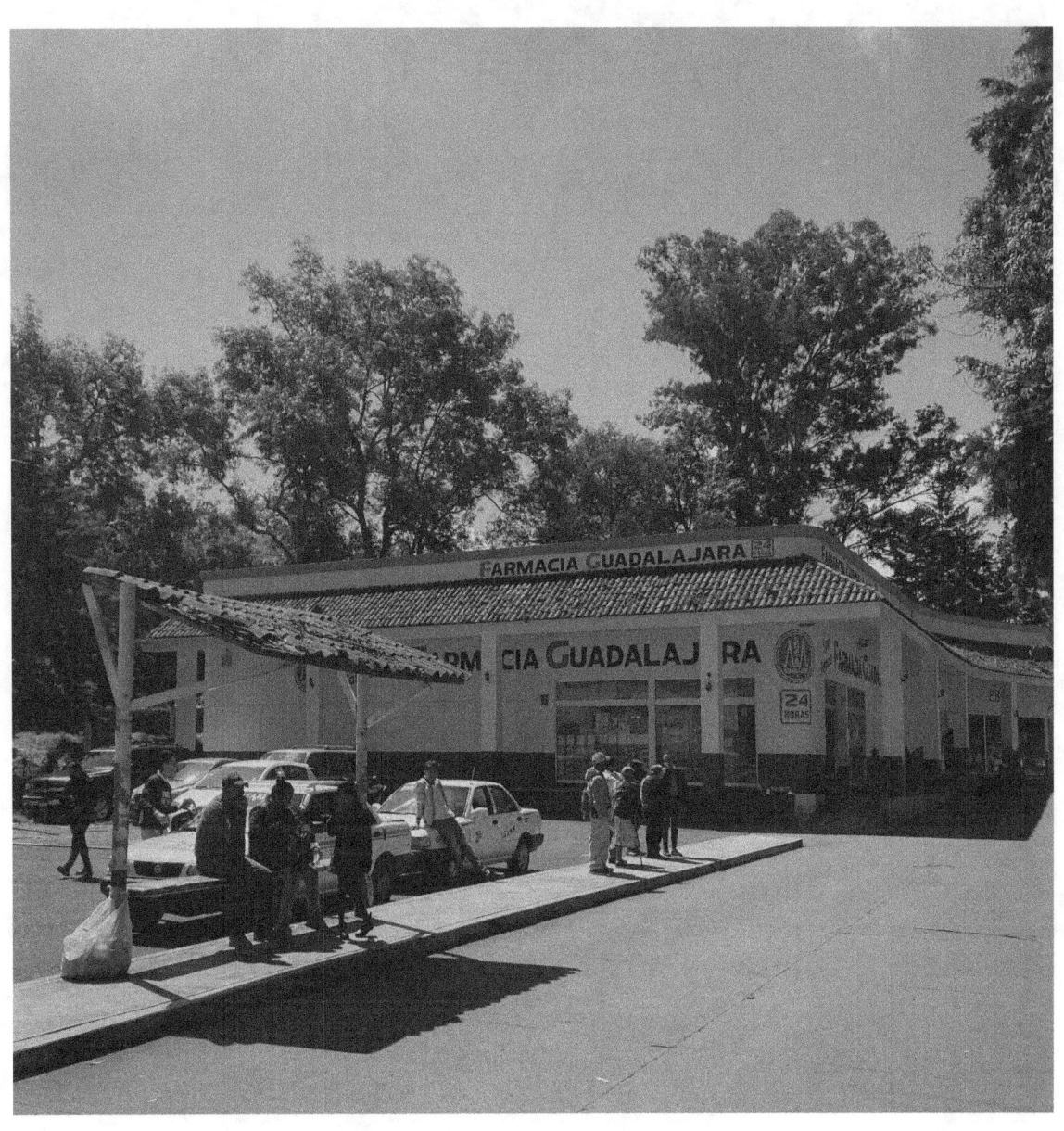

Sin título. Pátzcuaro, Michoacán

PACHAMAMA

La vida florece en la naturaleza,
un mundo de armonía y belleza.
Las hojas danzan con la brisa,
y las flores cantan en la frescura.

La madre tierra es un canto a la vida,
un espectáculo eterno, sin fin.
Sus vientos son un regalo, un don,
y su encanto, un misterio divino.

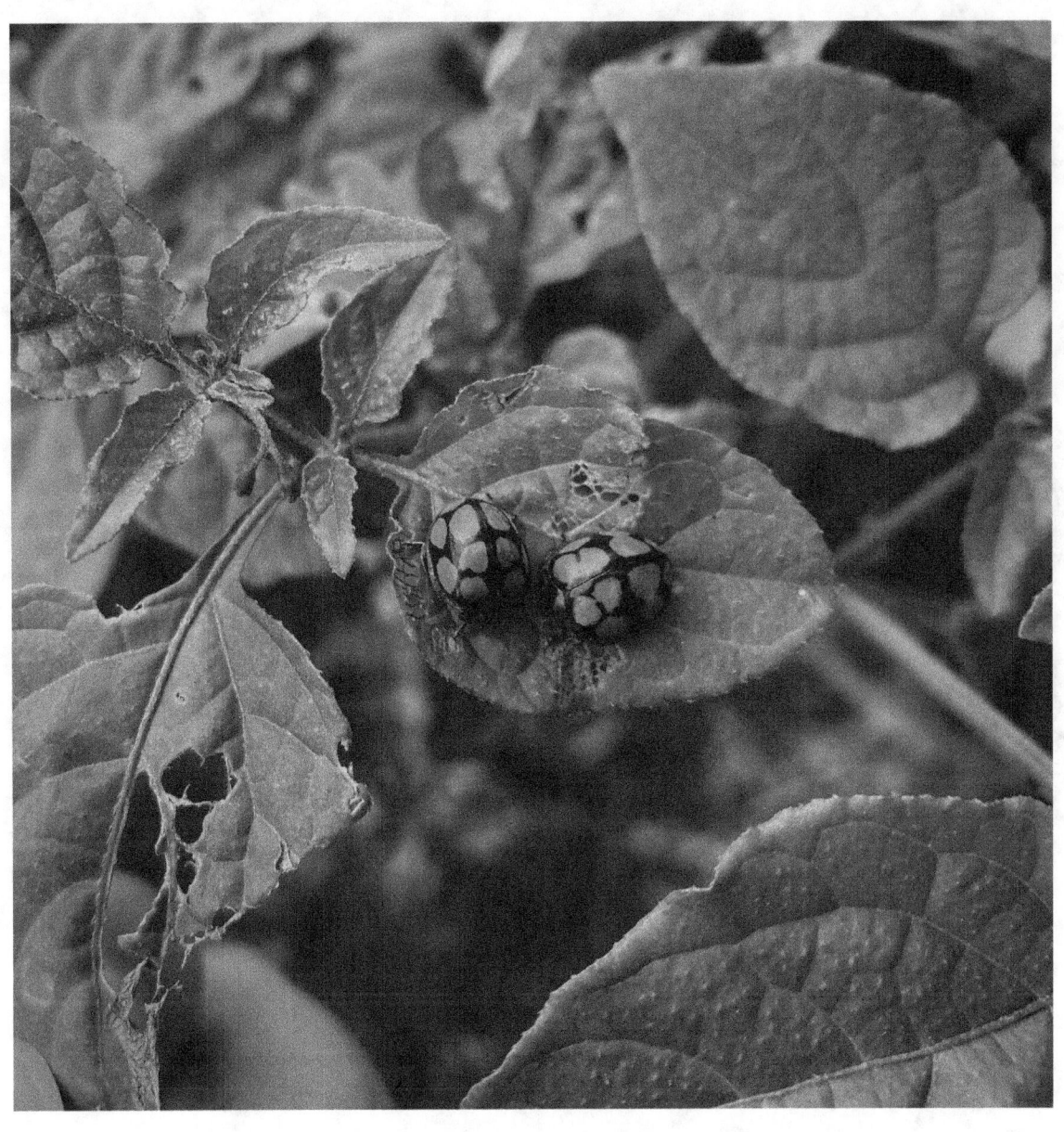

Sin título. Capula, Michoacán

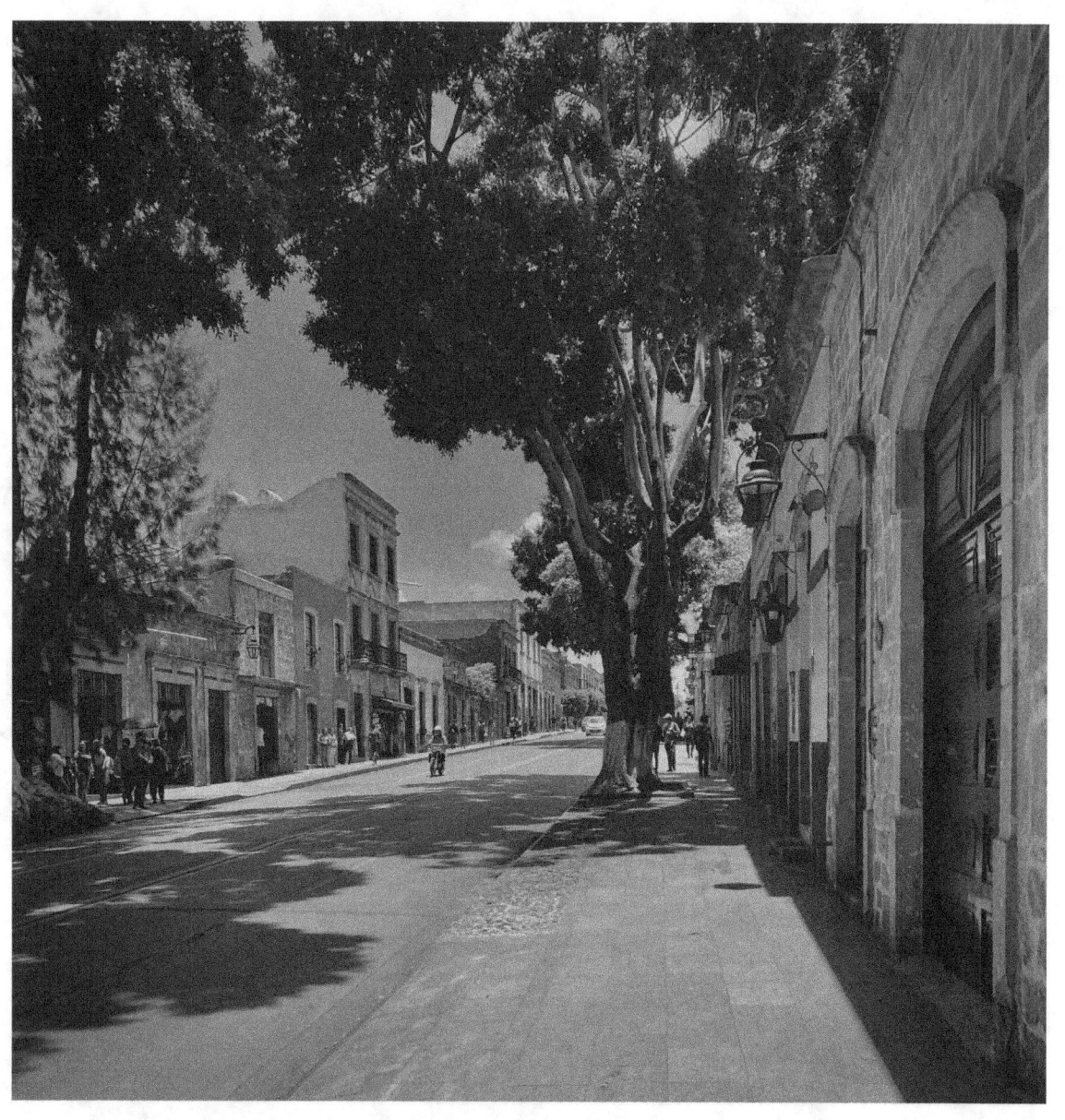

Sin título. Morelia, Michoacán

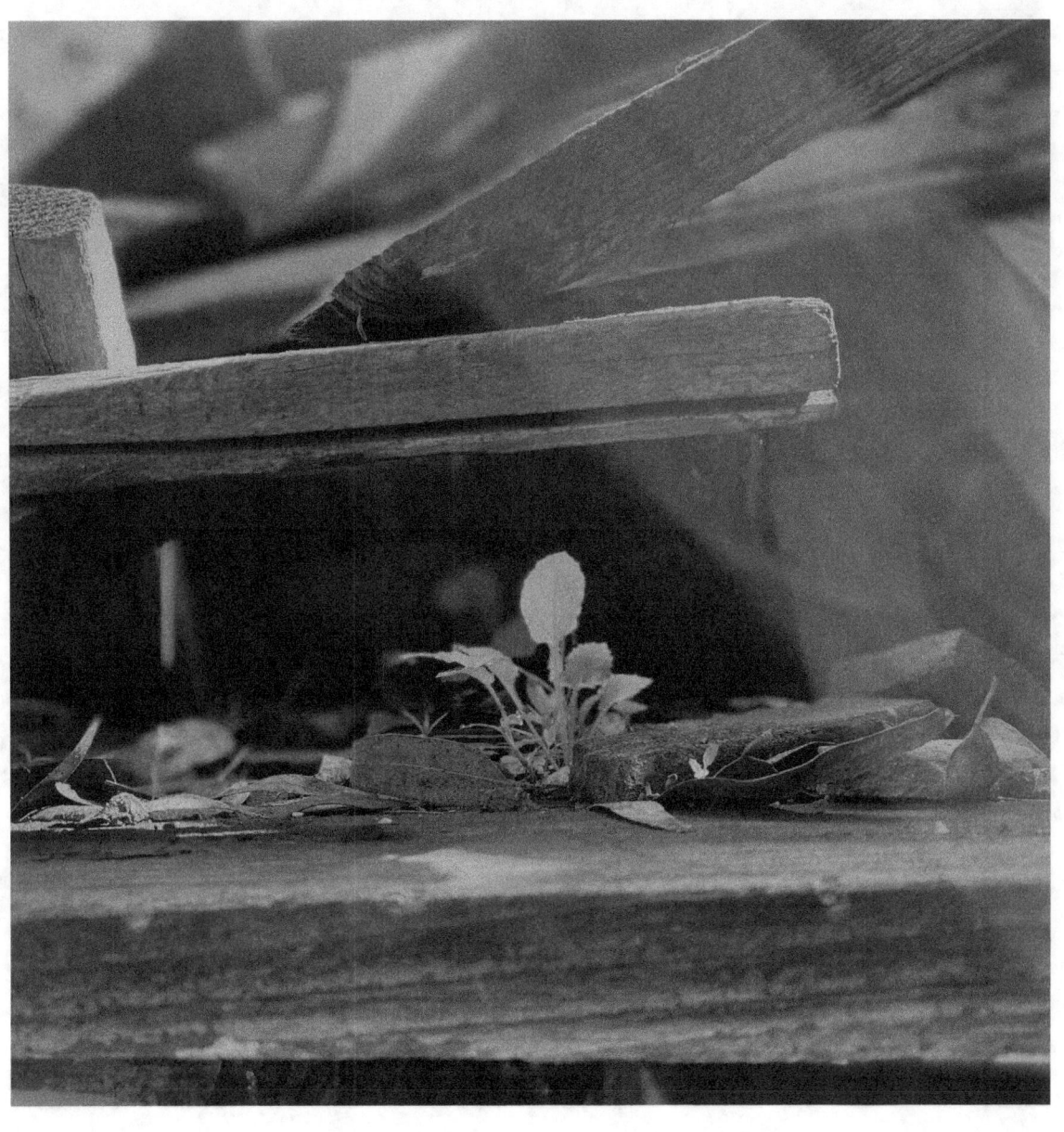

Sin título. Pátzcuaro, Michoacán

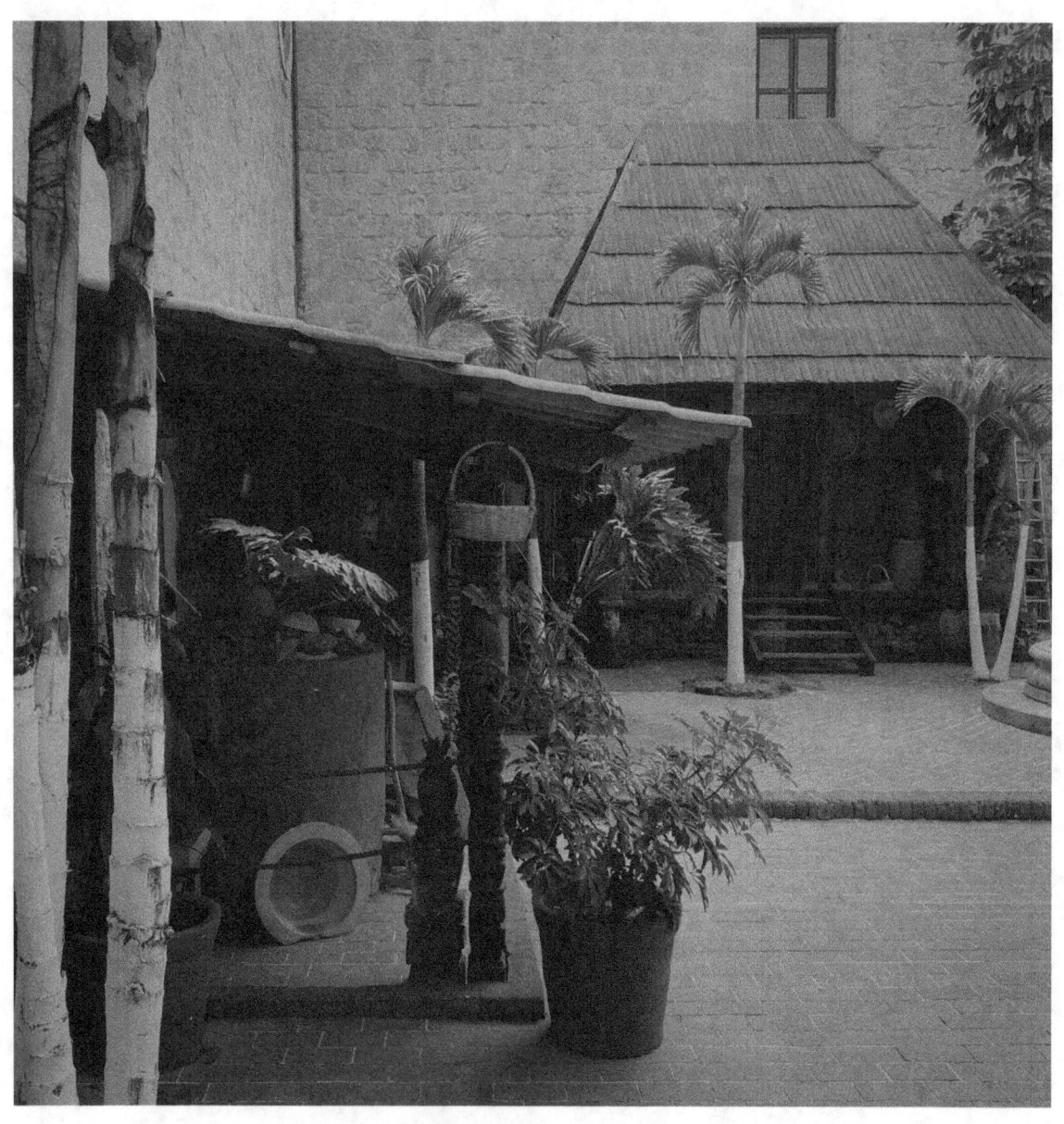

Sin título. Morelia, Michoacán

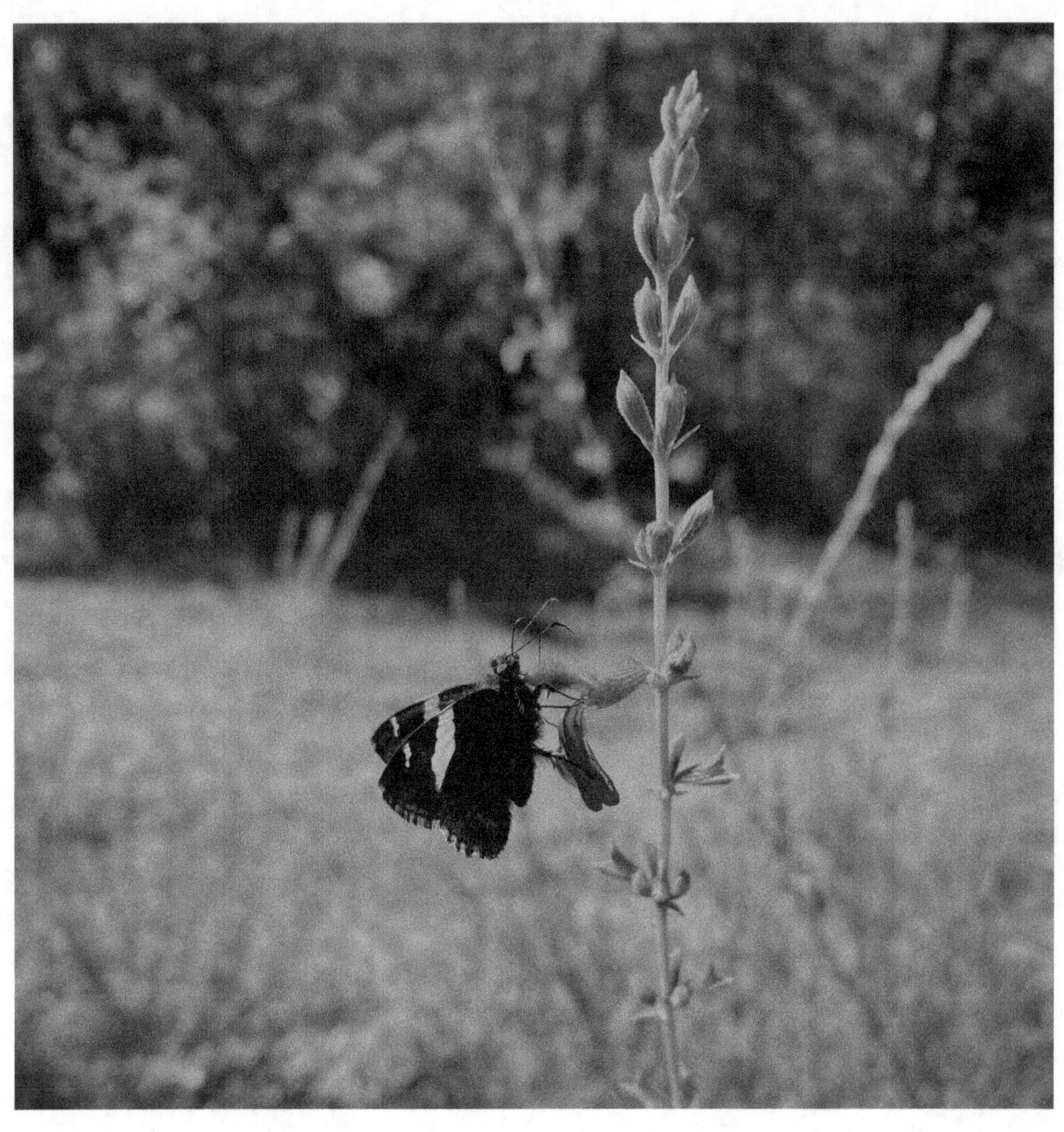

Sin título. Pátzcuaro, Michoacán

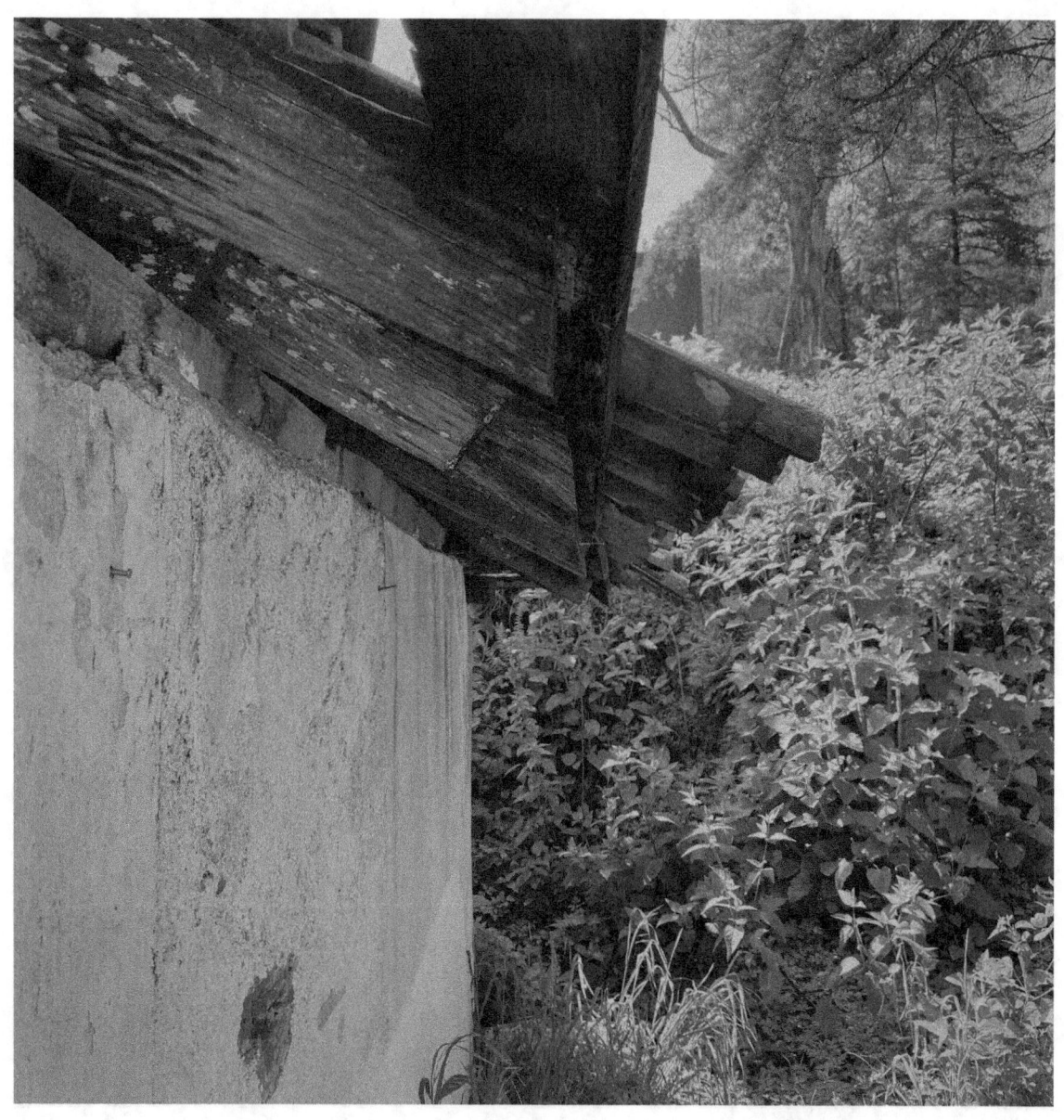

Sin título. Pátzcuaro, Michoacán

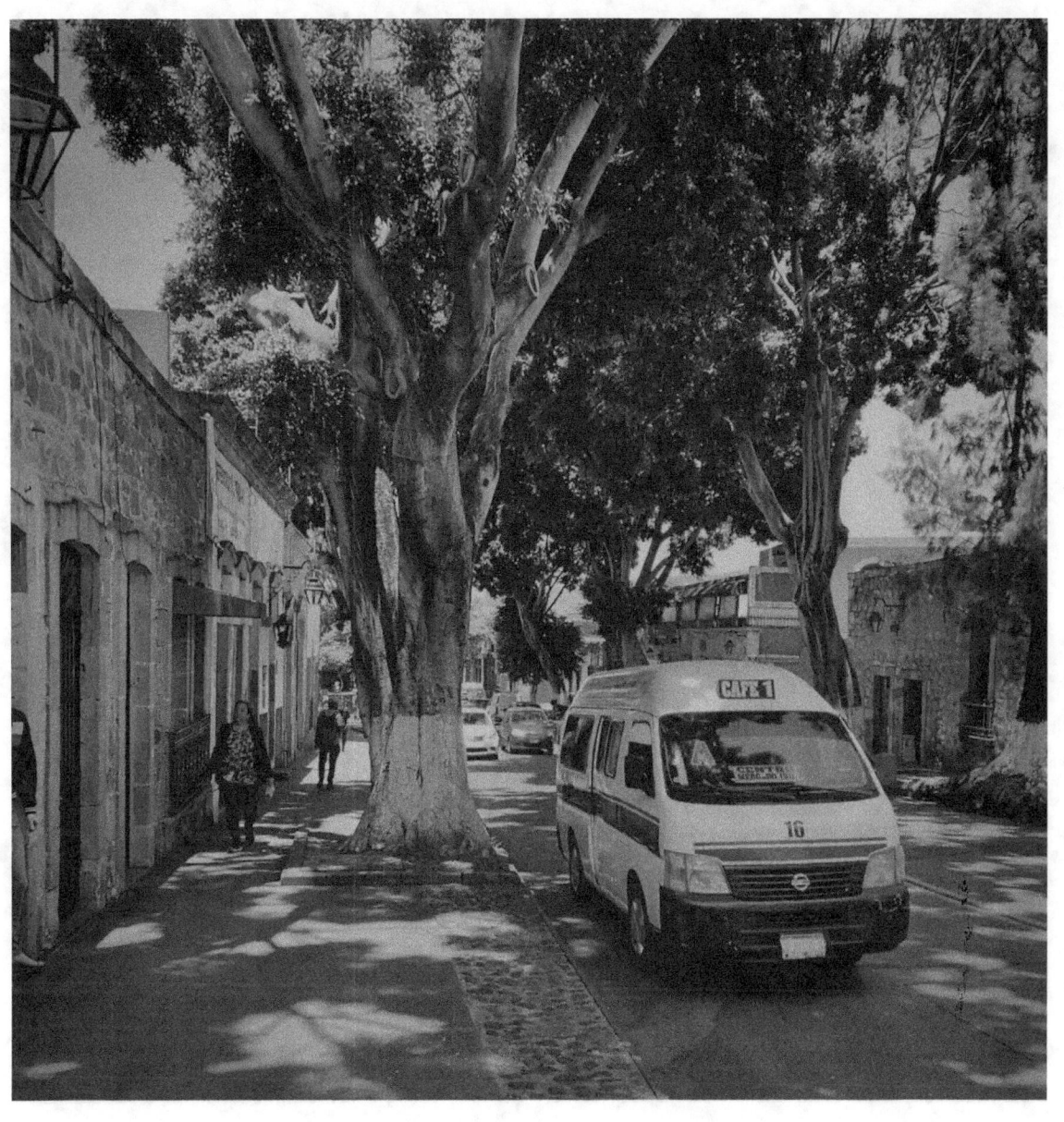

Sin título. Morelia, Michoacán

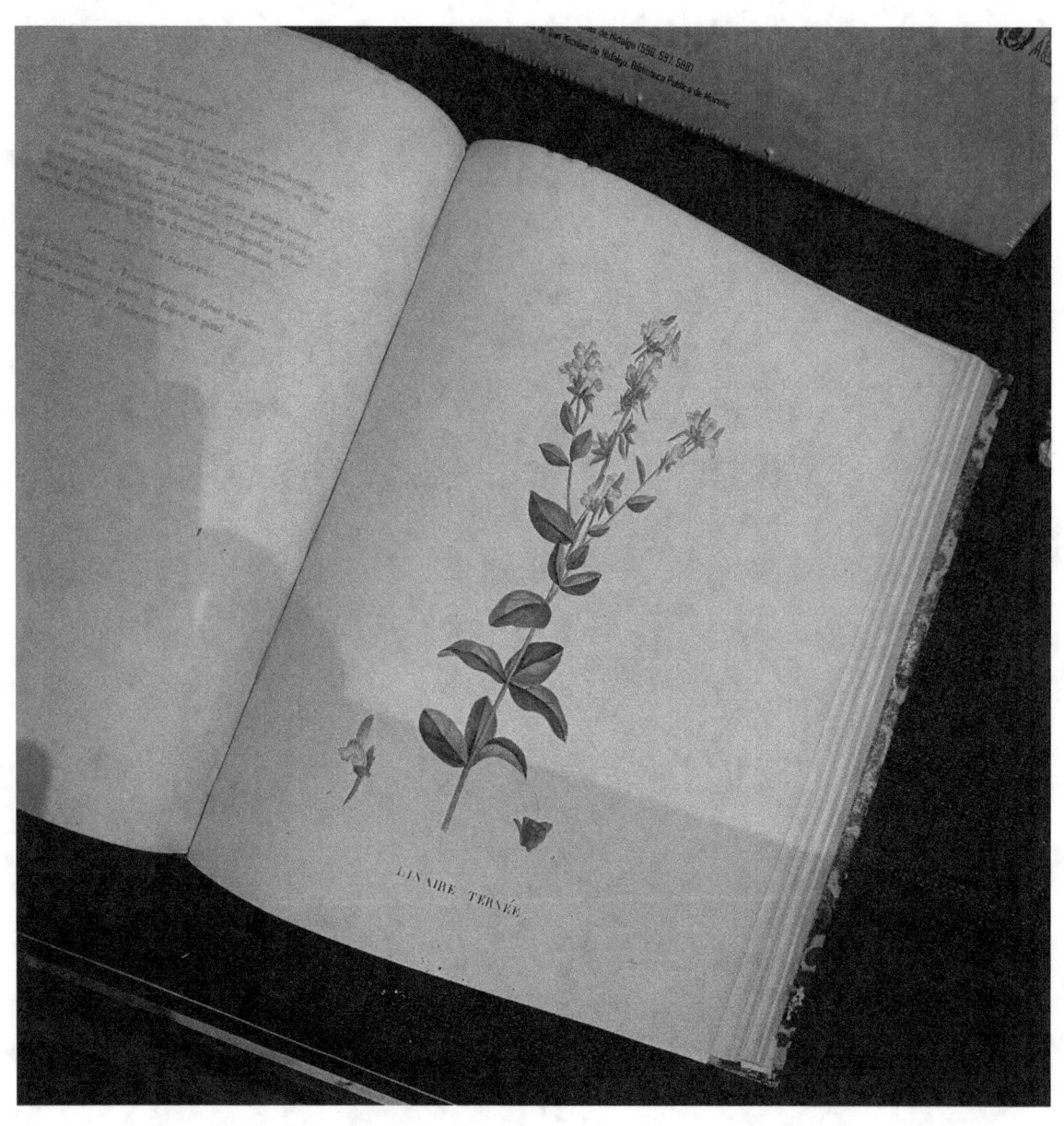

Sin título. Morelia, Michoacán

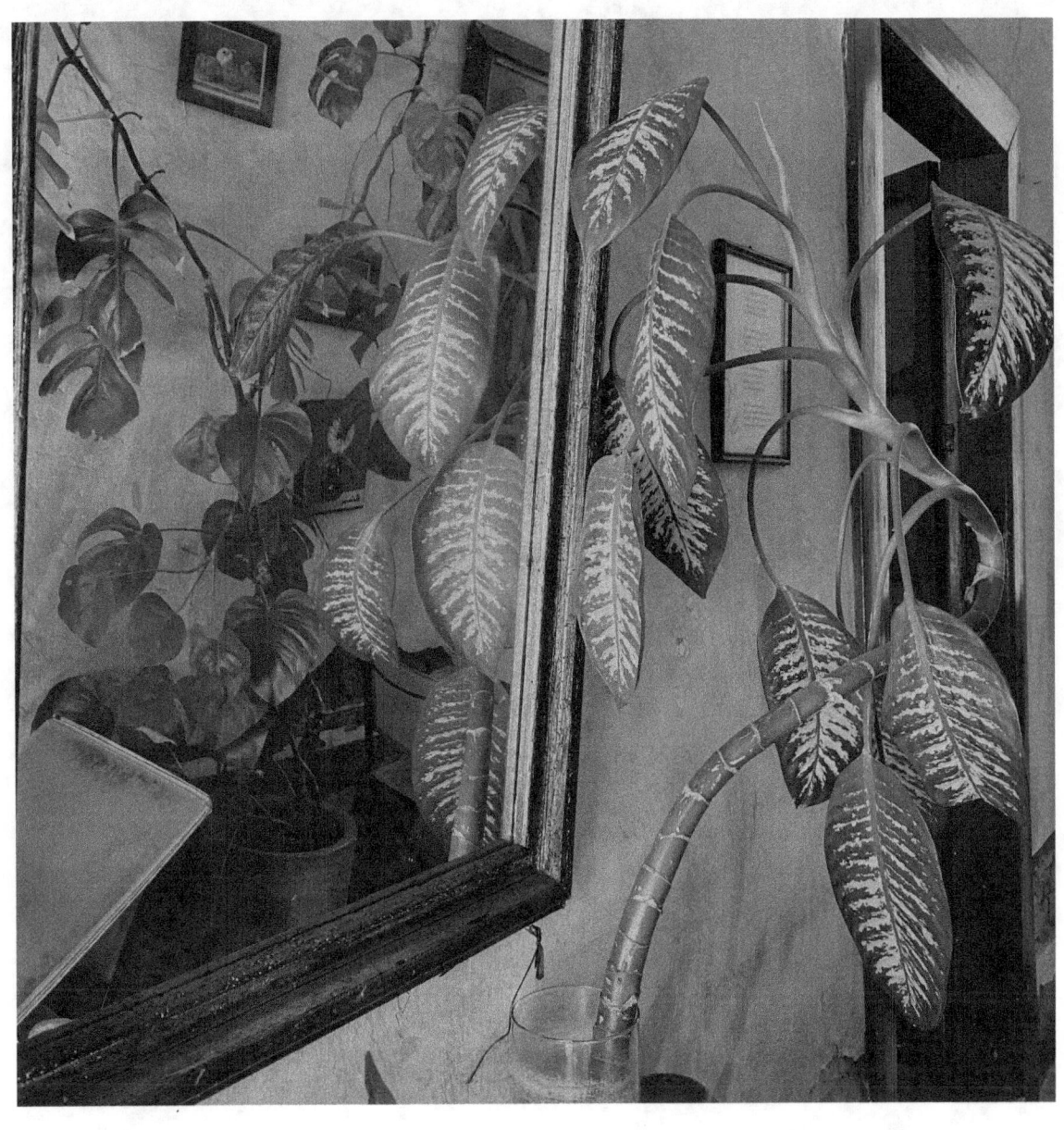

Naturaleza narcisista. Morelia, Michoacán

LUZ EN LA OSCURIDAD

Hay momentos en los que todo parece perdido, la esperanza y la fe siempre brilla en el horizonte. Es la semilla que germina en el corazón, y da frutos de amor y alegría.

La devoción es el amor incondicional, que se entrega sin esperar nada a cambio. Es la mano amiga que siempre está presente, dando consuelo y fortaleza.

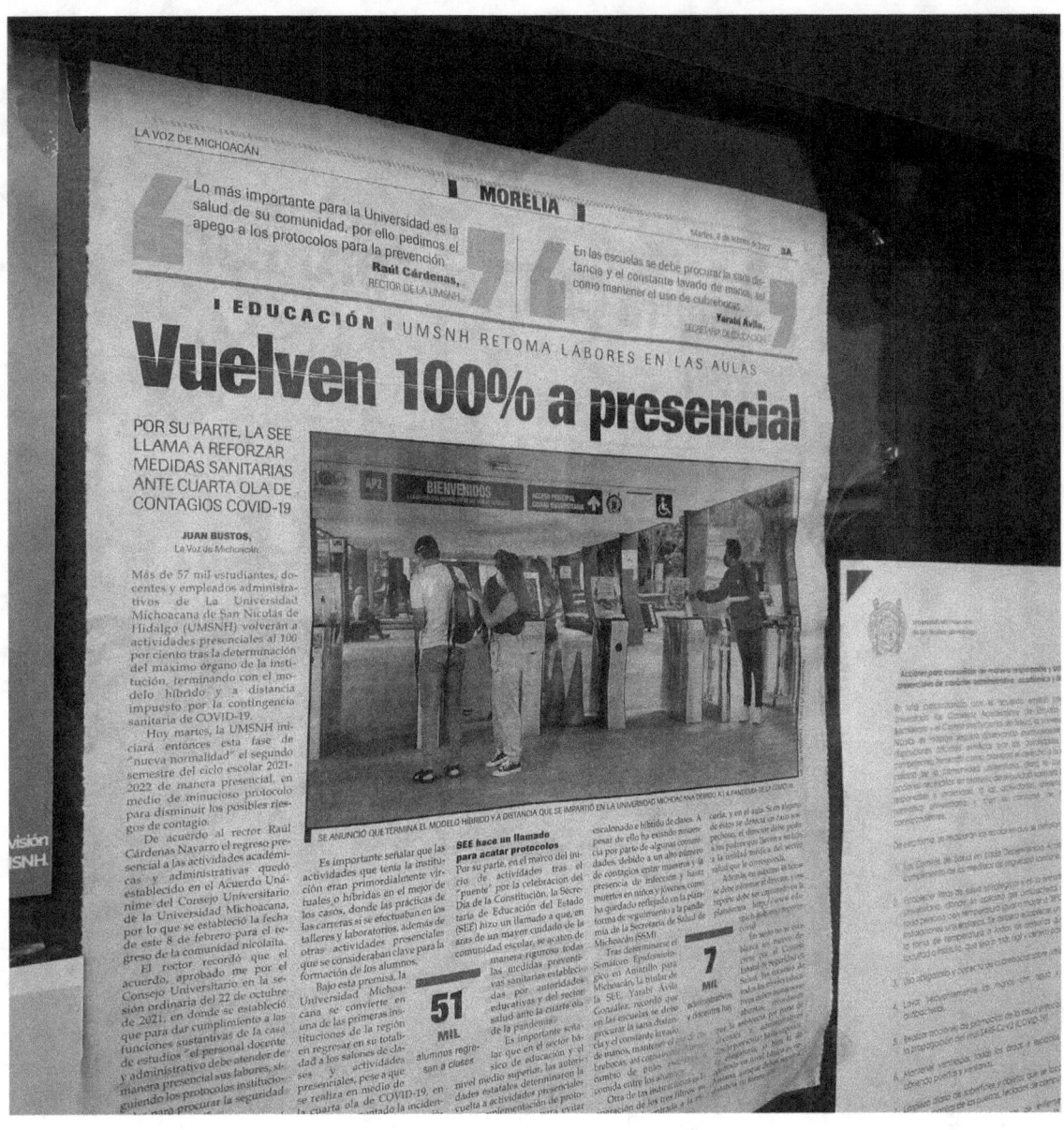

Esperanza. Morelia, Michoacán

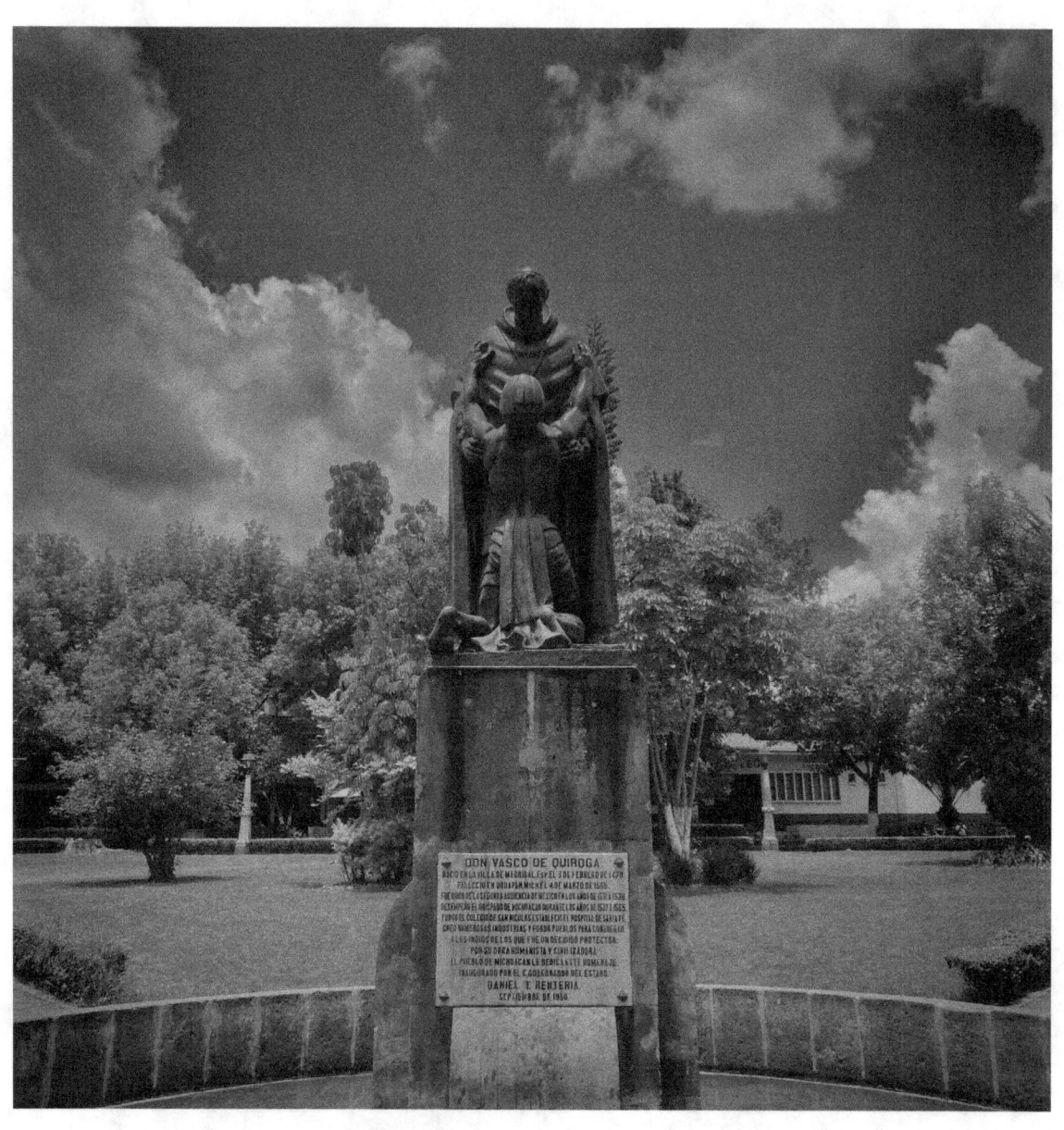

Sin título. Quiroga, Michoacán

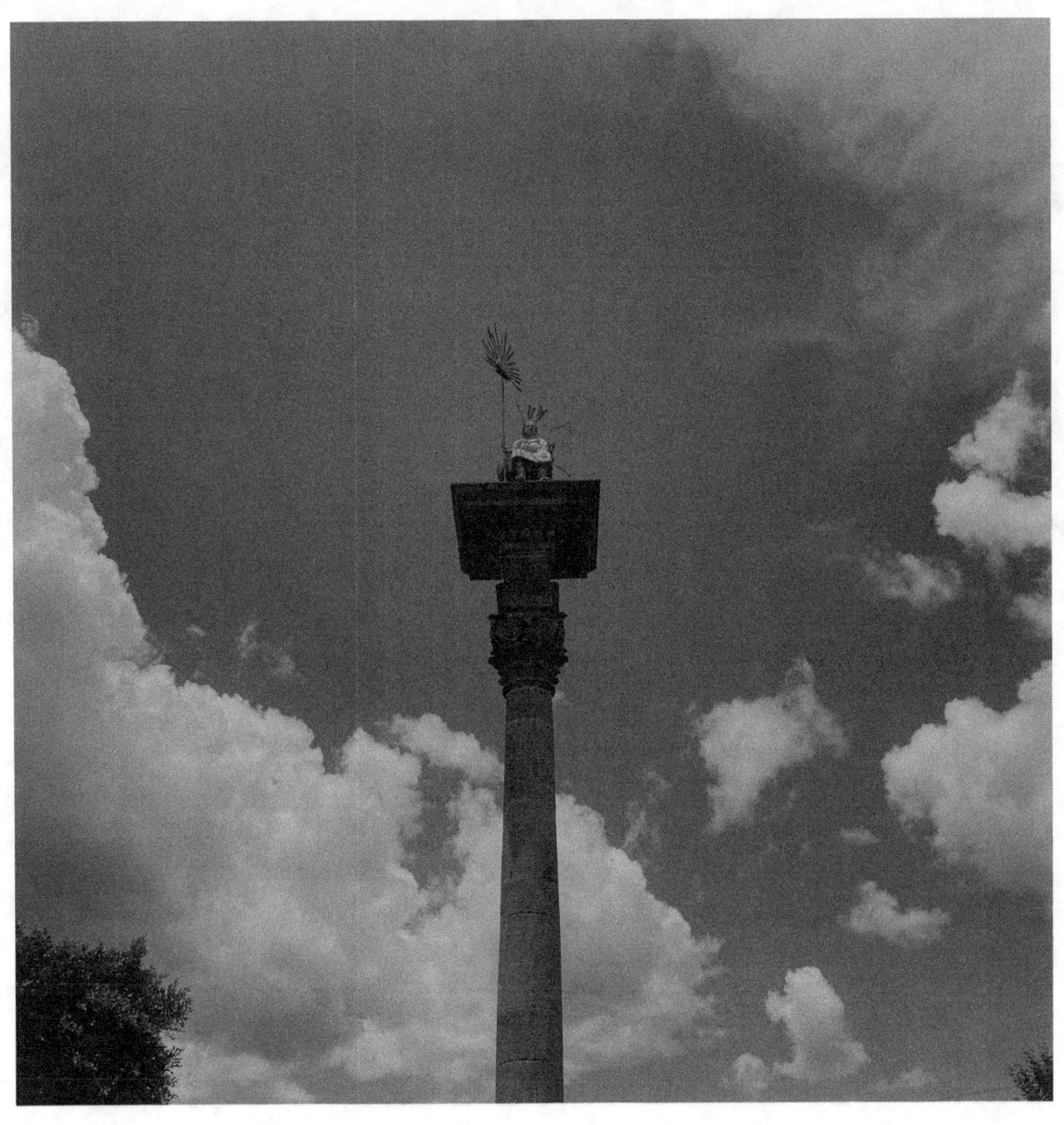

Sin título. Quiroga, Michoacán

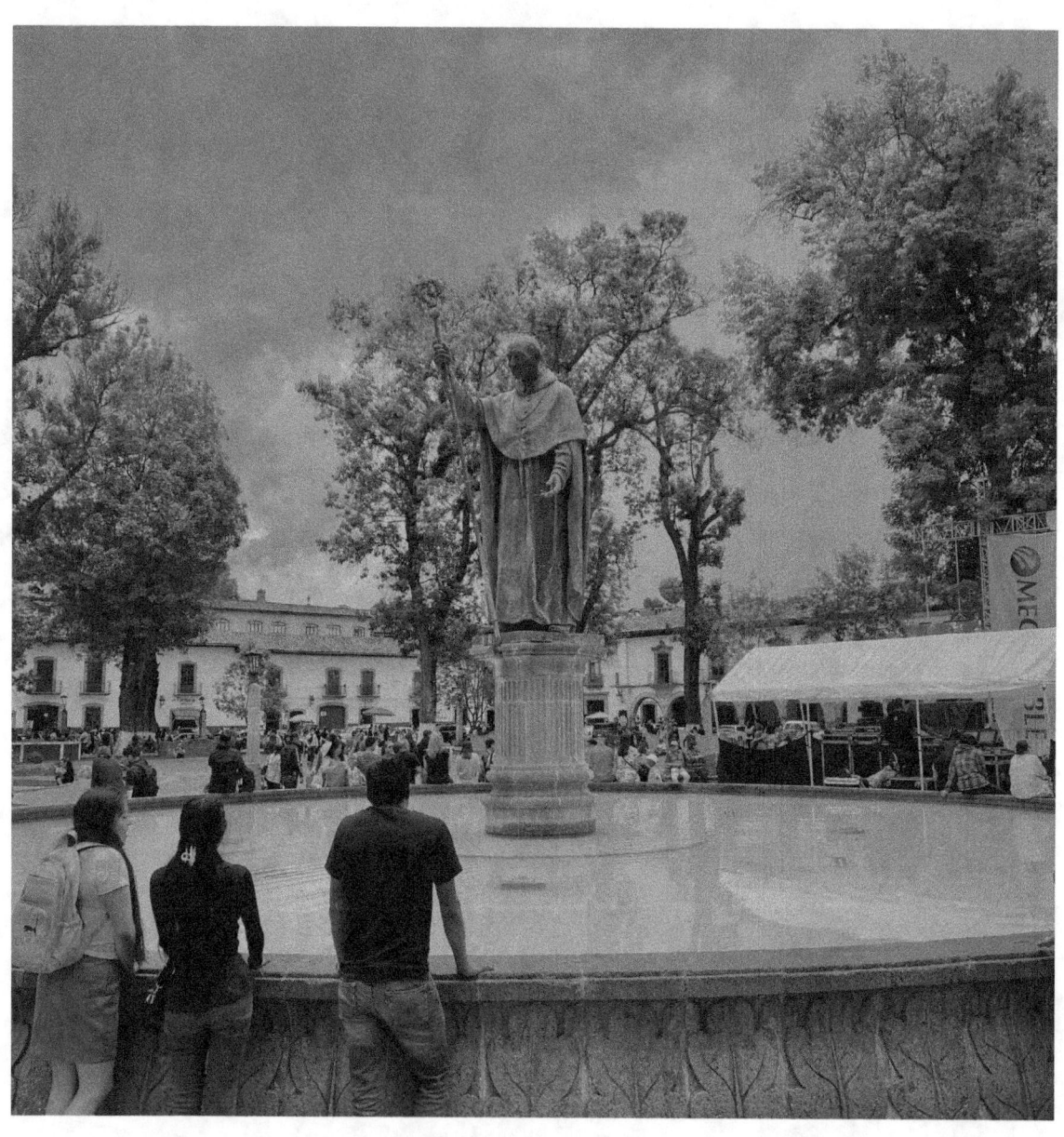

Sin título. Pátzcuaro, Michoacán

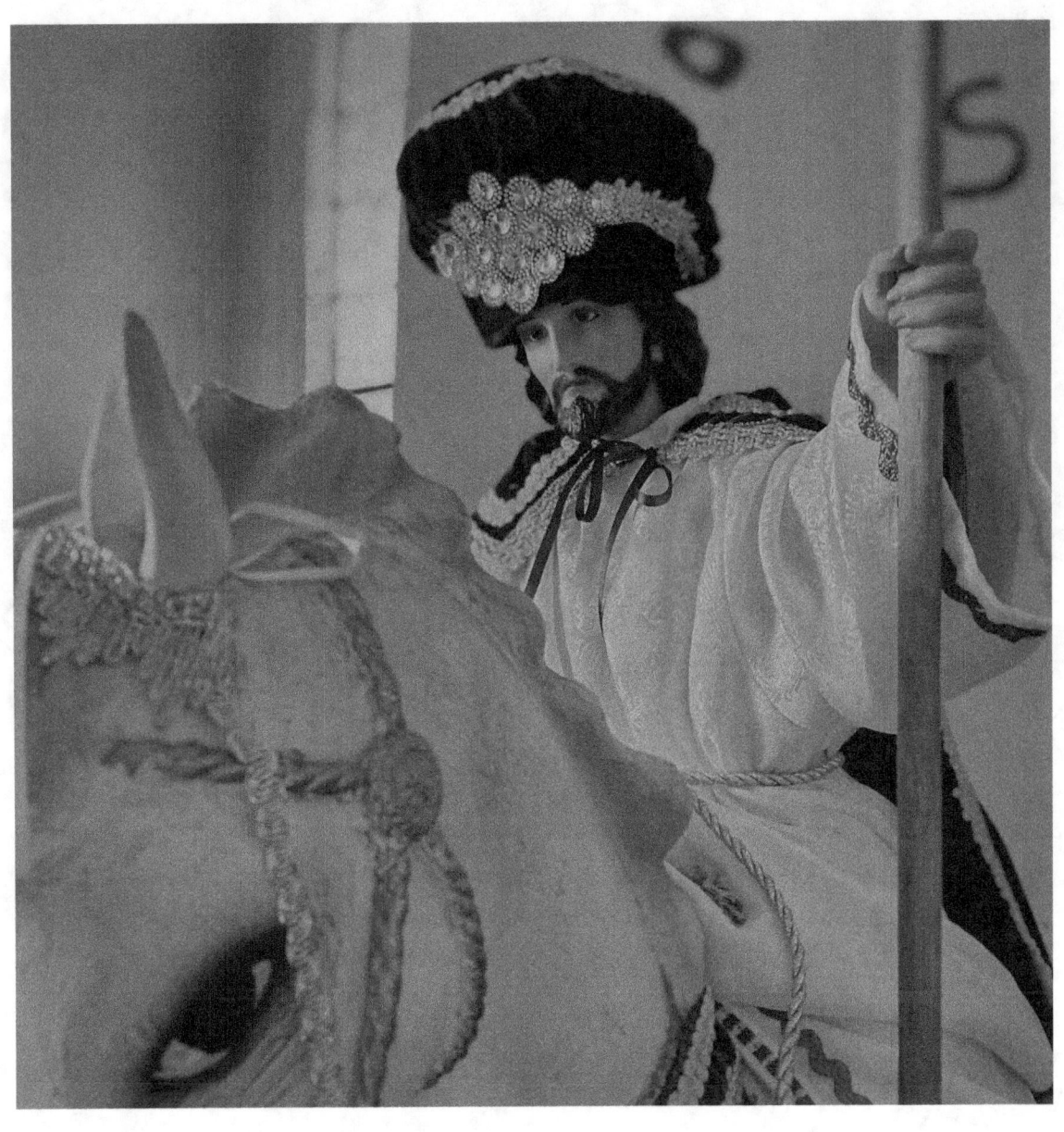

Sin título. Capula, Michoacán

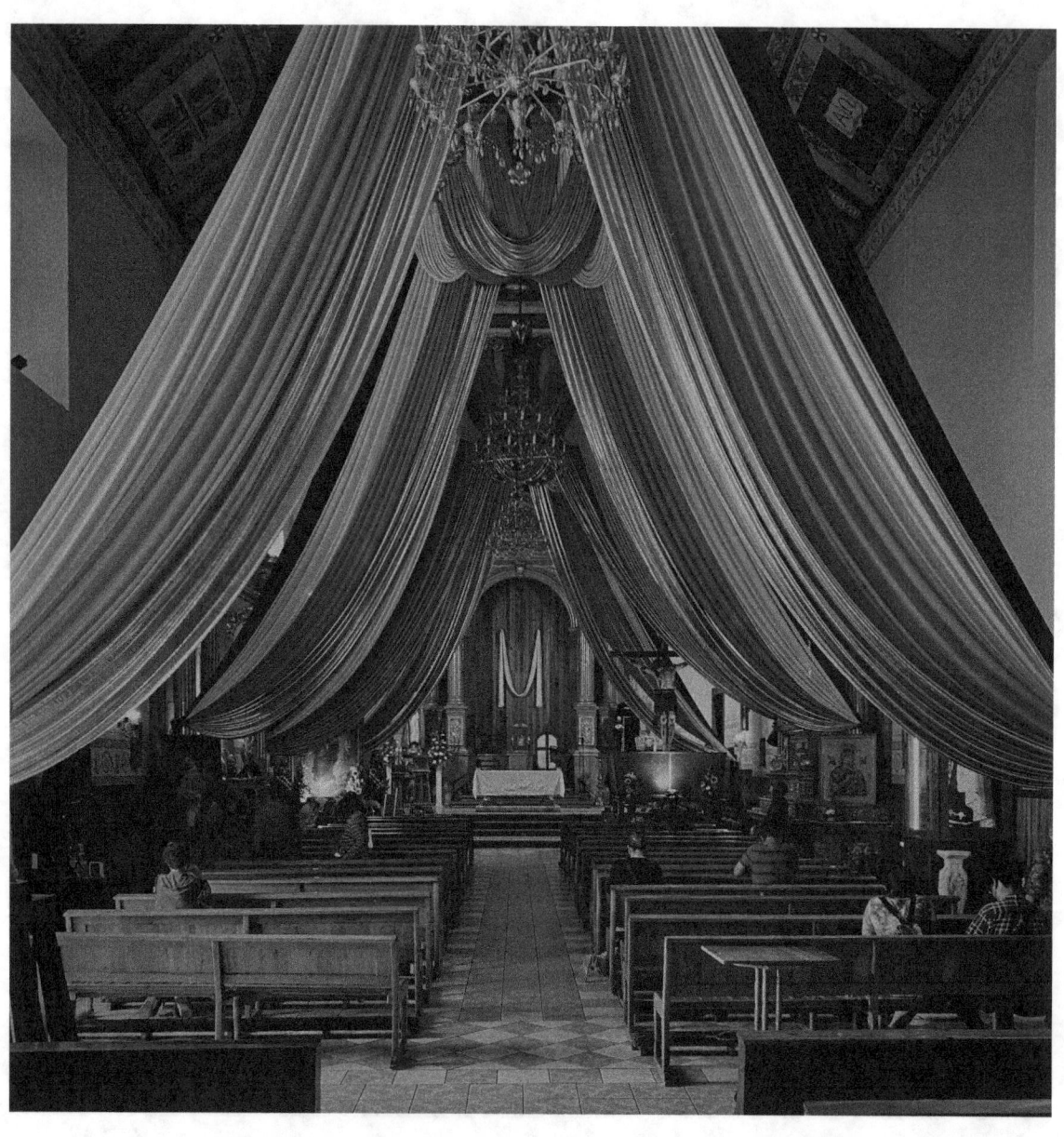

Sin título. Quiroga, Michoacán

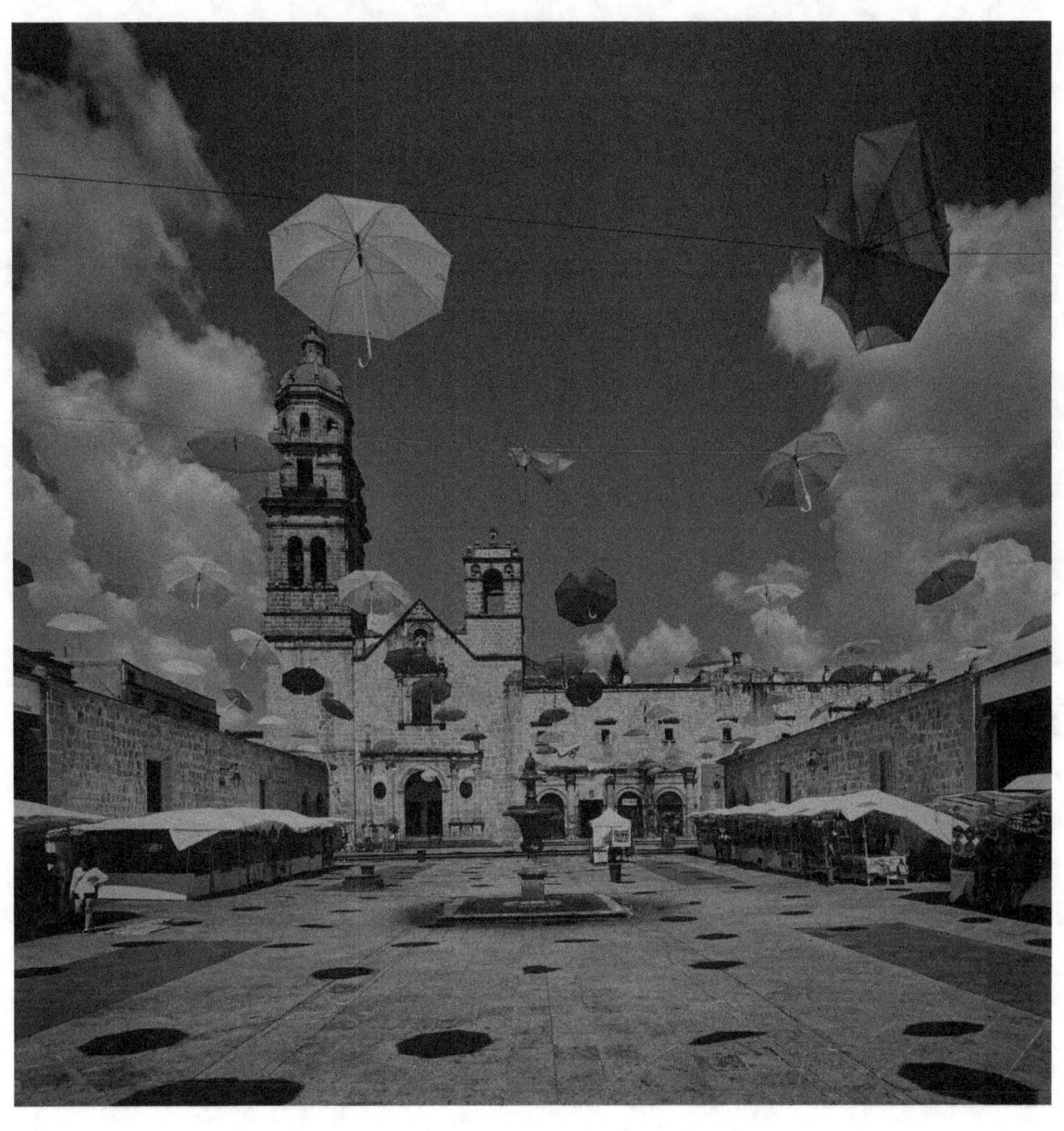

Sin título. Morelia, Michoacán

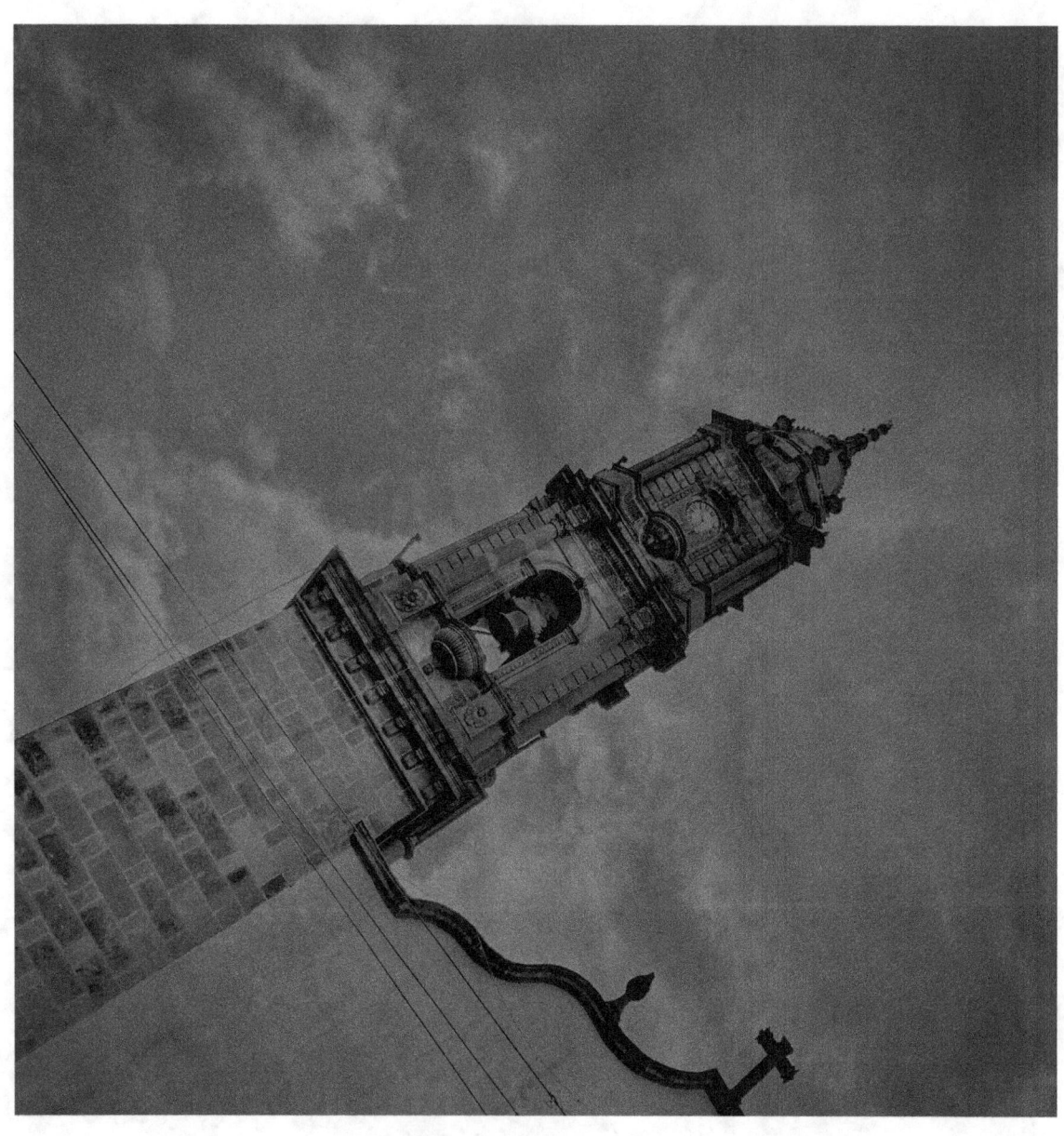

Sin título. Santa Clara del Cobre, Michoacán

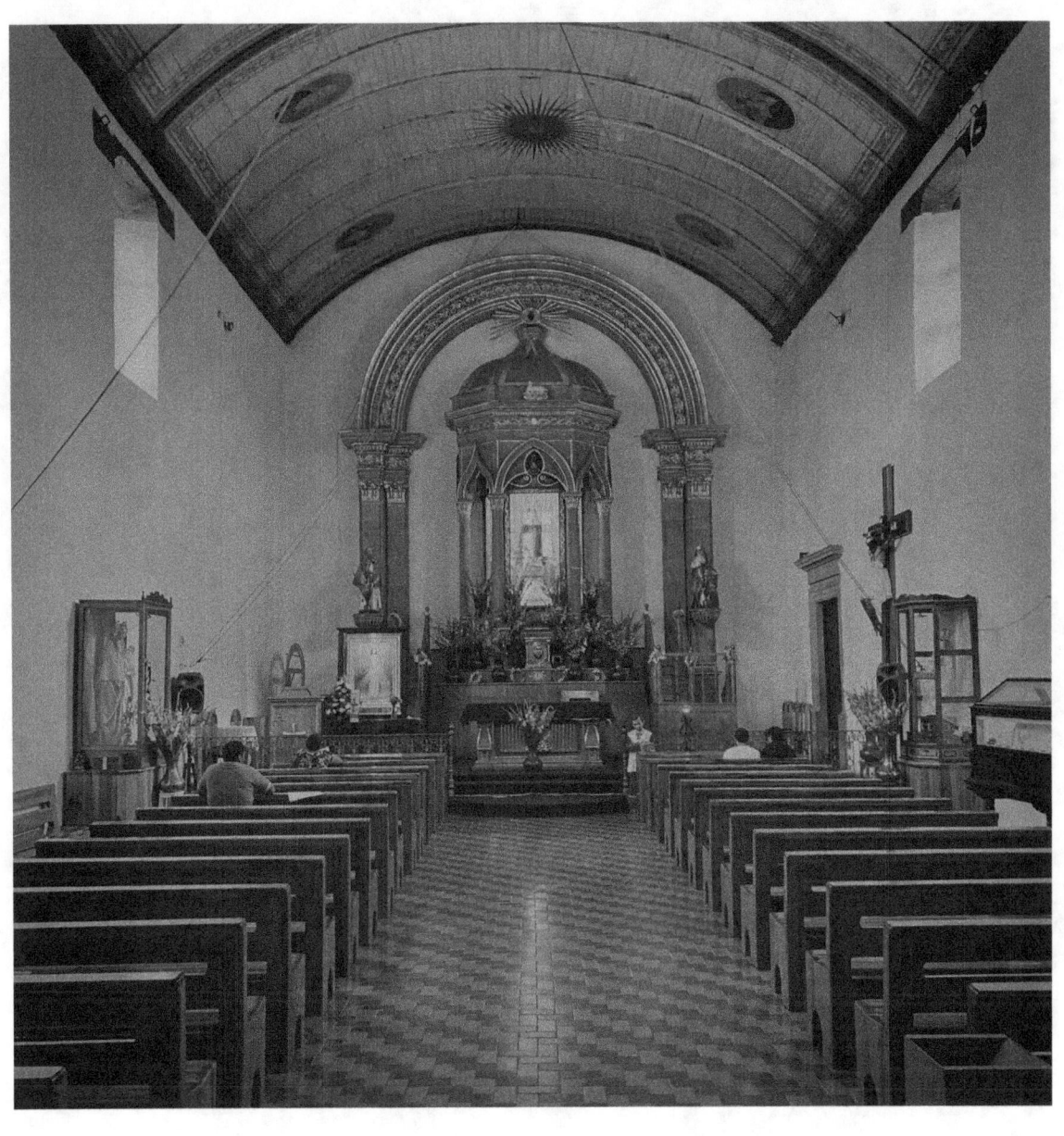

Sin título. Santa Clara del Cobre, Michoacán

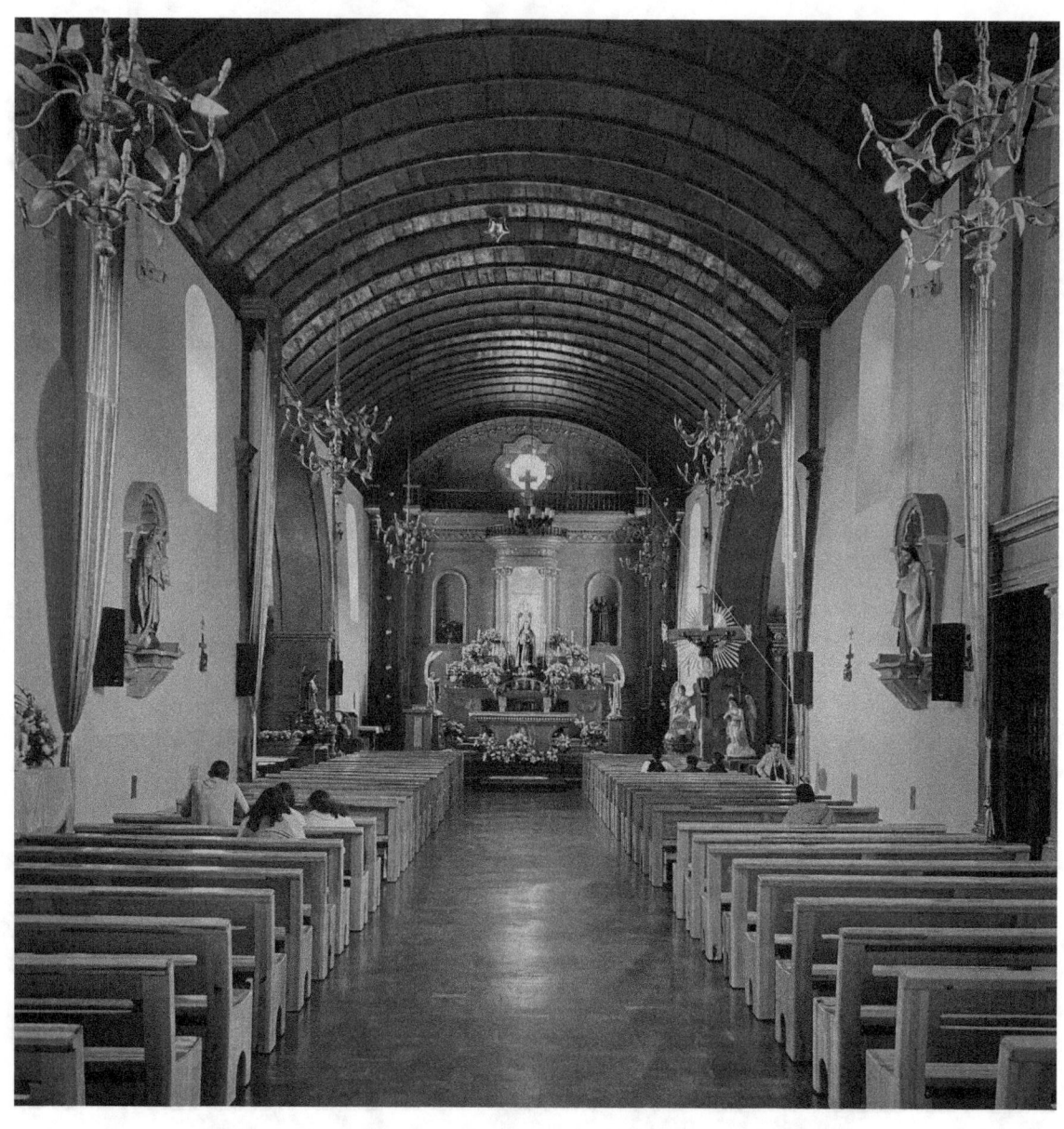

Sin título. Santa Clara del Cobre, Michoacán

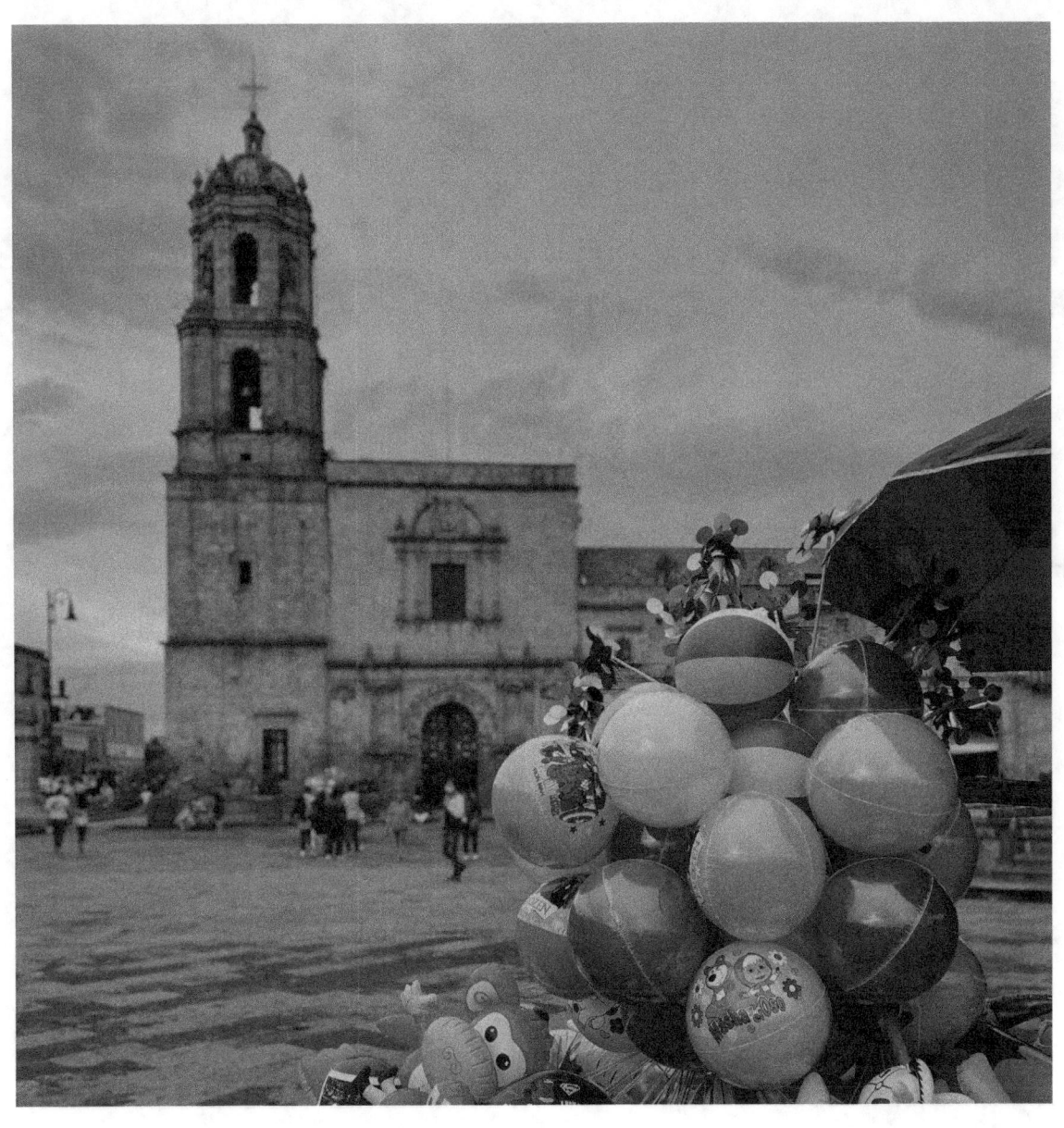

Sin título. Morelia, Michoacán

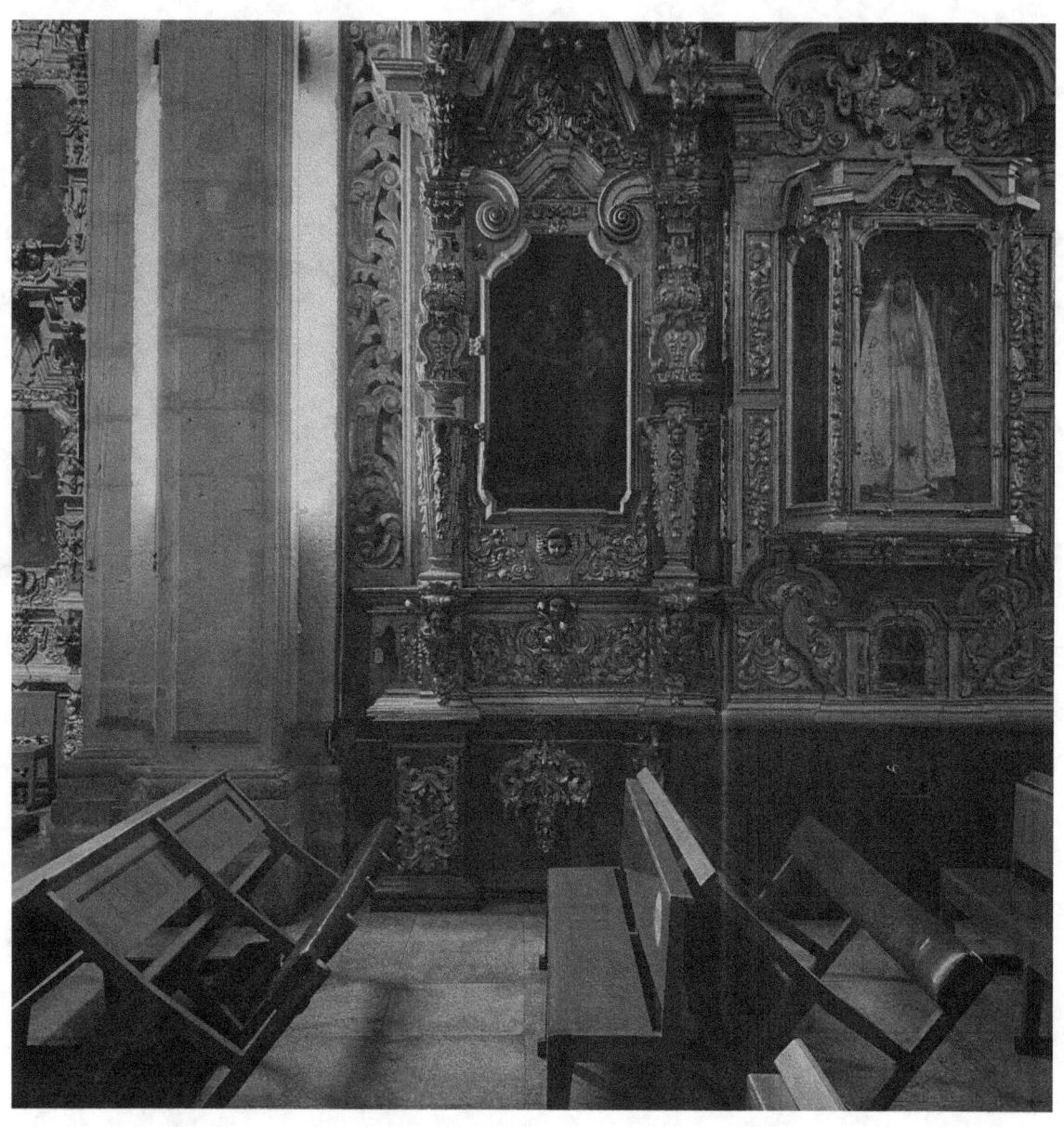

Sin título. Morelia, Michoacán

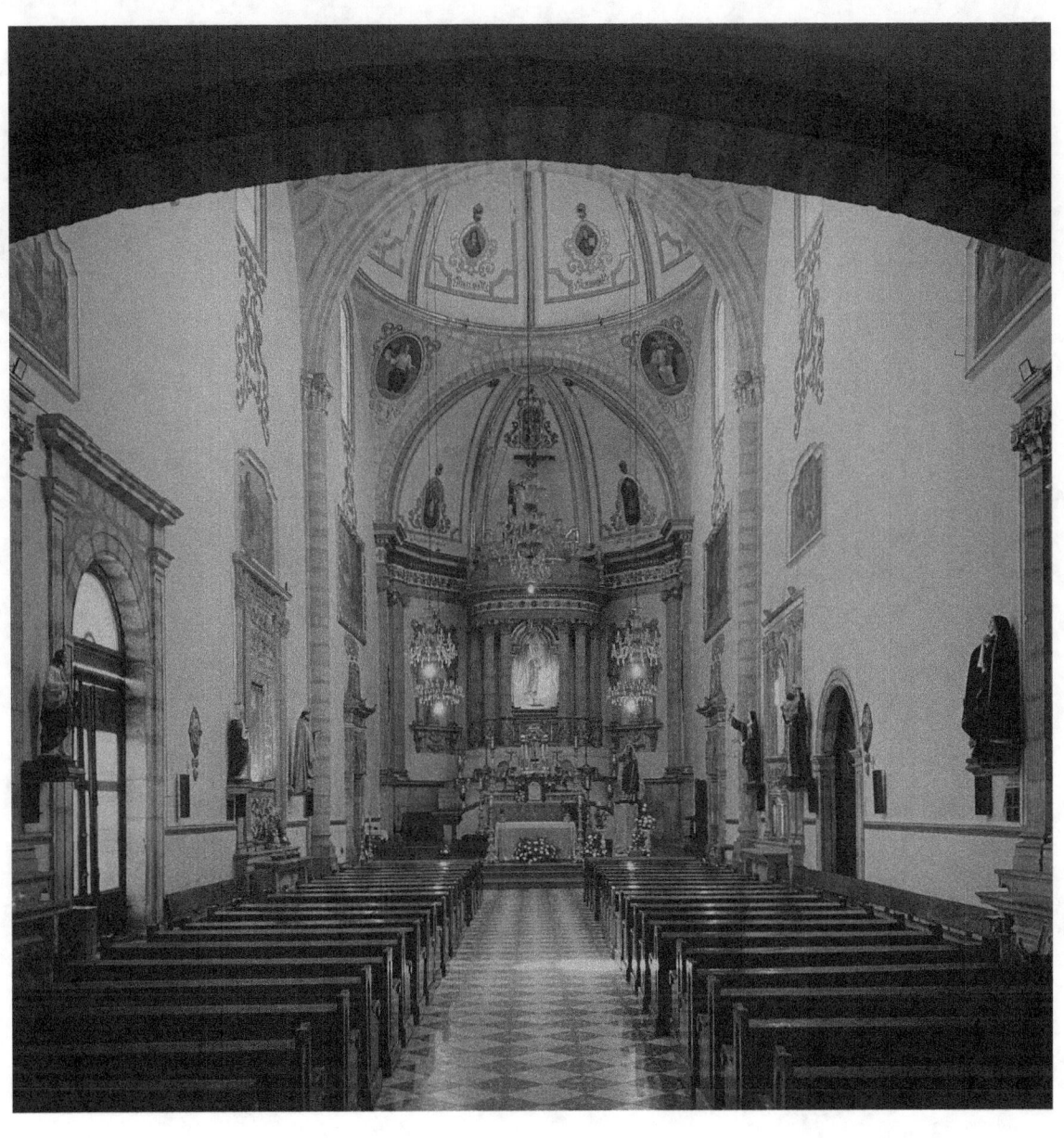

Sin título. Morelia, Michoacán

VENTANA DEL ALMA

Ojos bonitos que reflejan la luz,
caras amigas que transmiten amor,
ventanas del alma que nos muestran
el cielo, libertad que alimenta
el corazón.

Cada mirada un mundo distinto,
cada sonrisa un mensaje de paz,
cada mirada una esperanza,
cada rostro una lección.

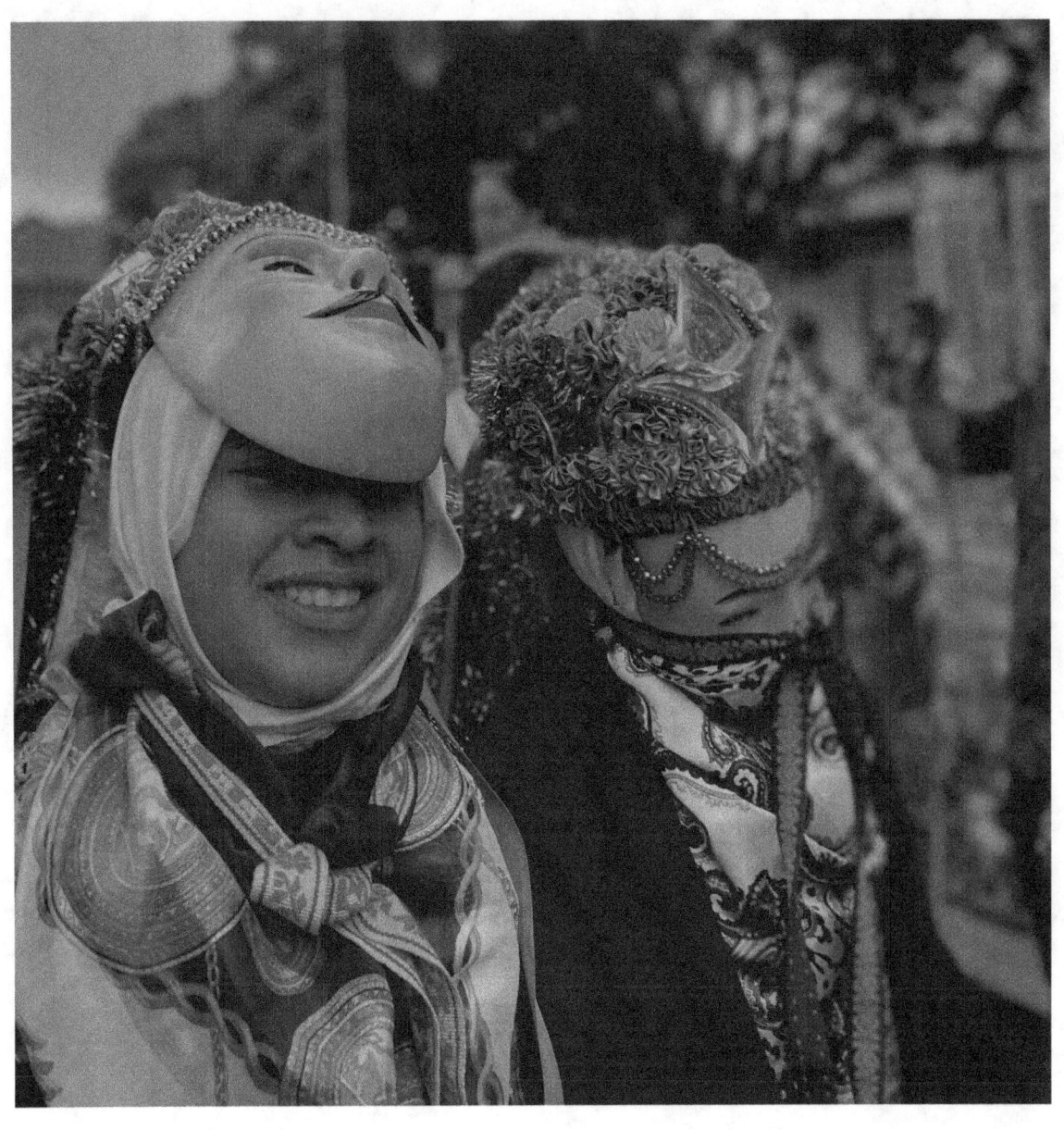

Sin título. Santa Clara del Cobre, Michoacán

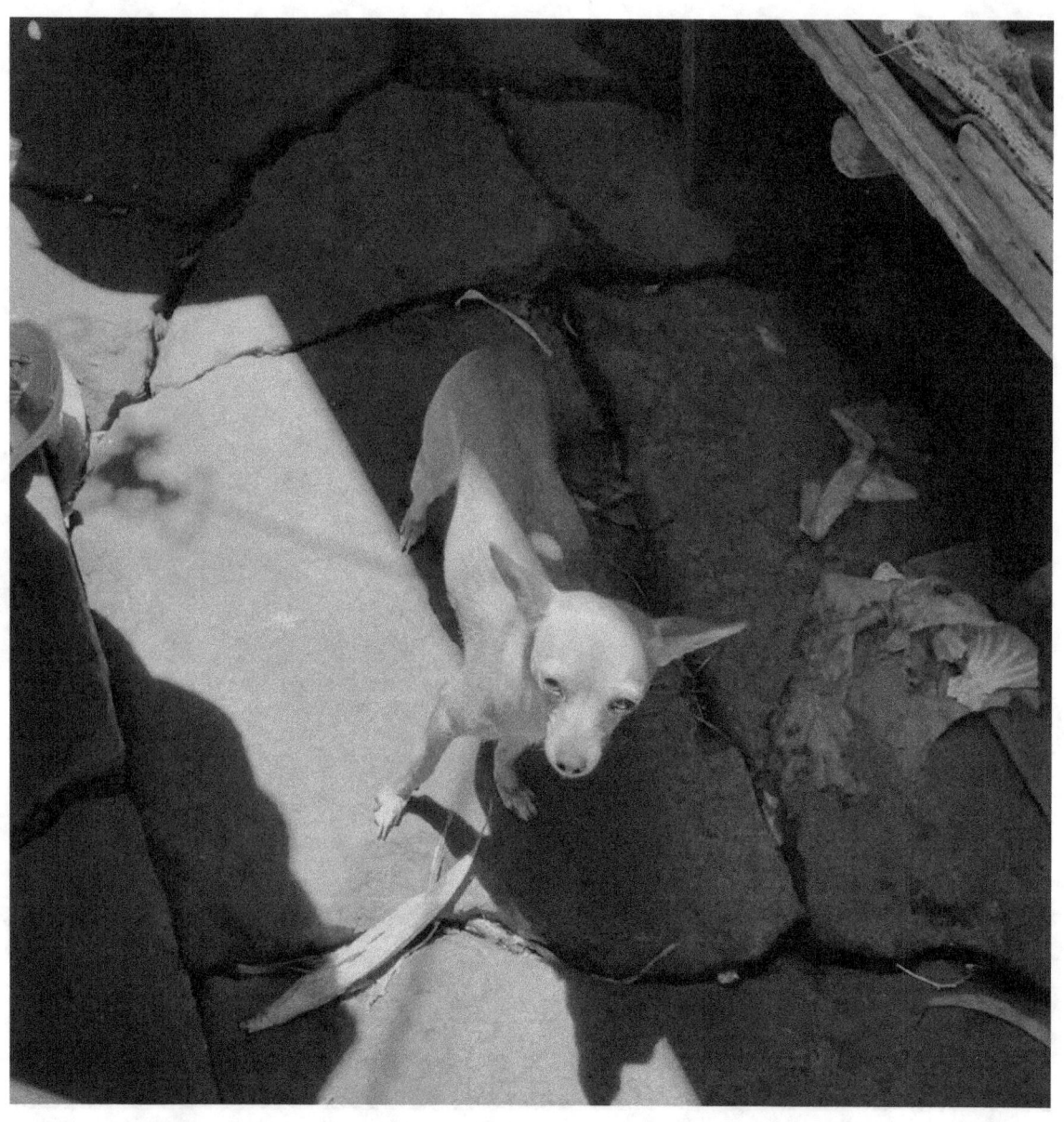

Juanito. Pátzcuaro, Michoacán

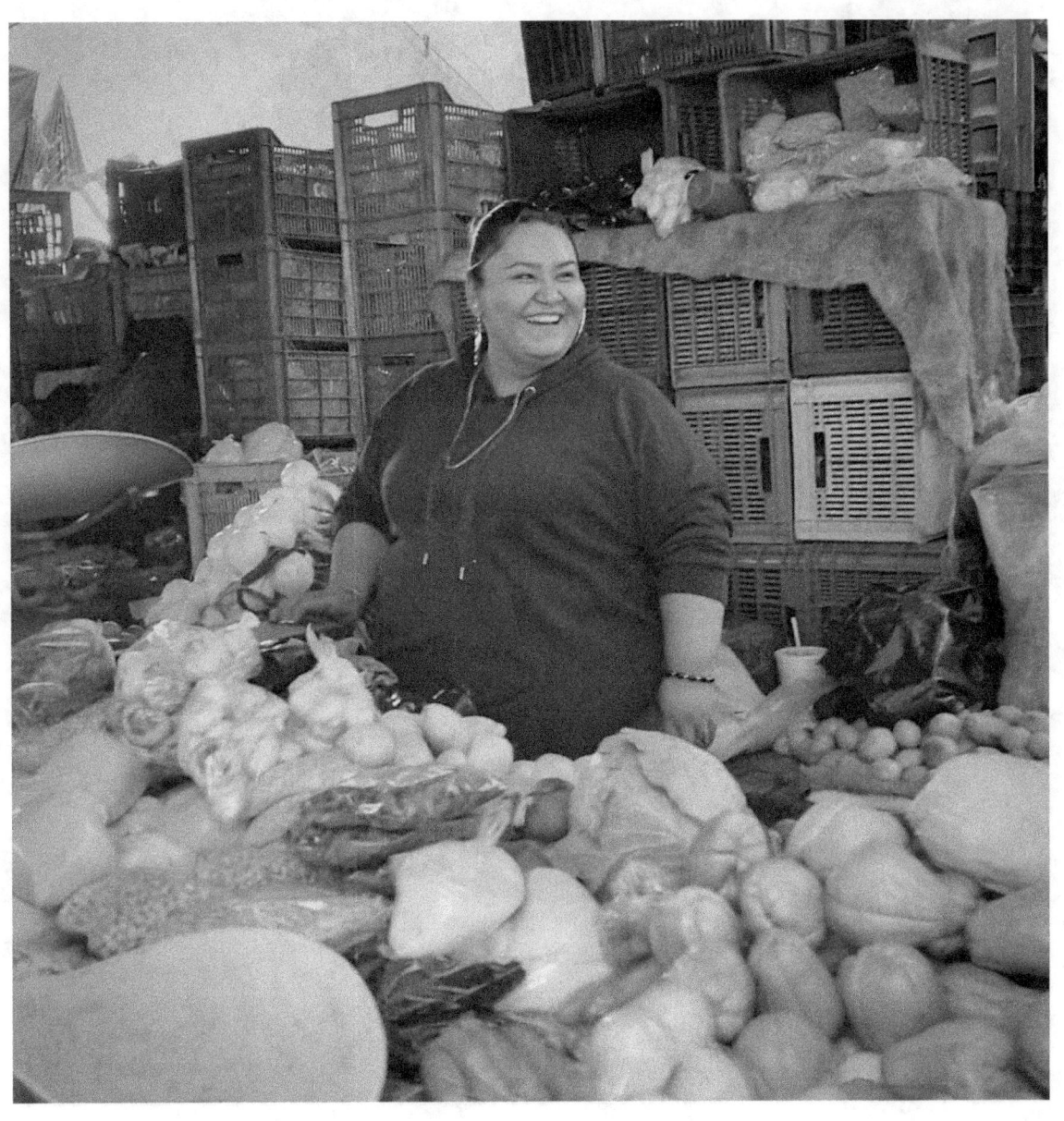

Sra. Chelo. Pátzcuaro, Michoacán

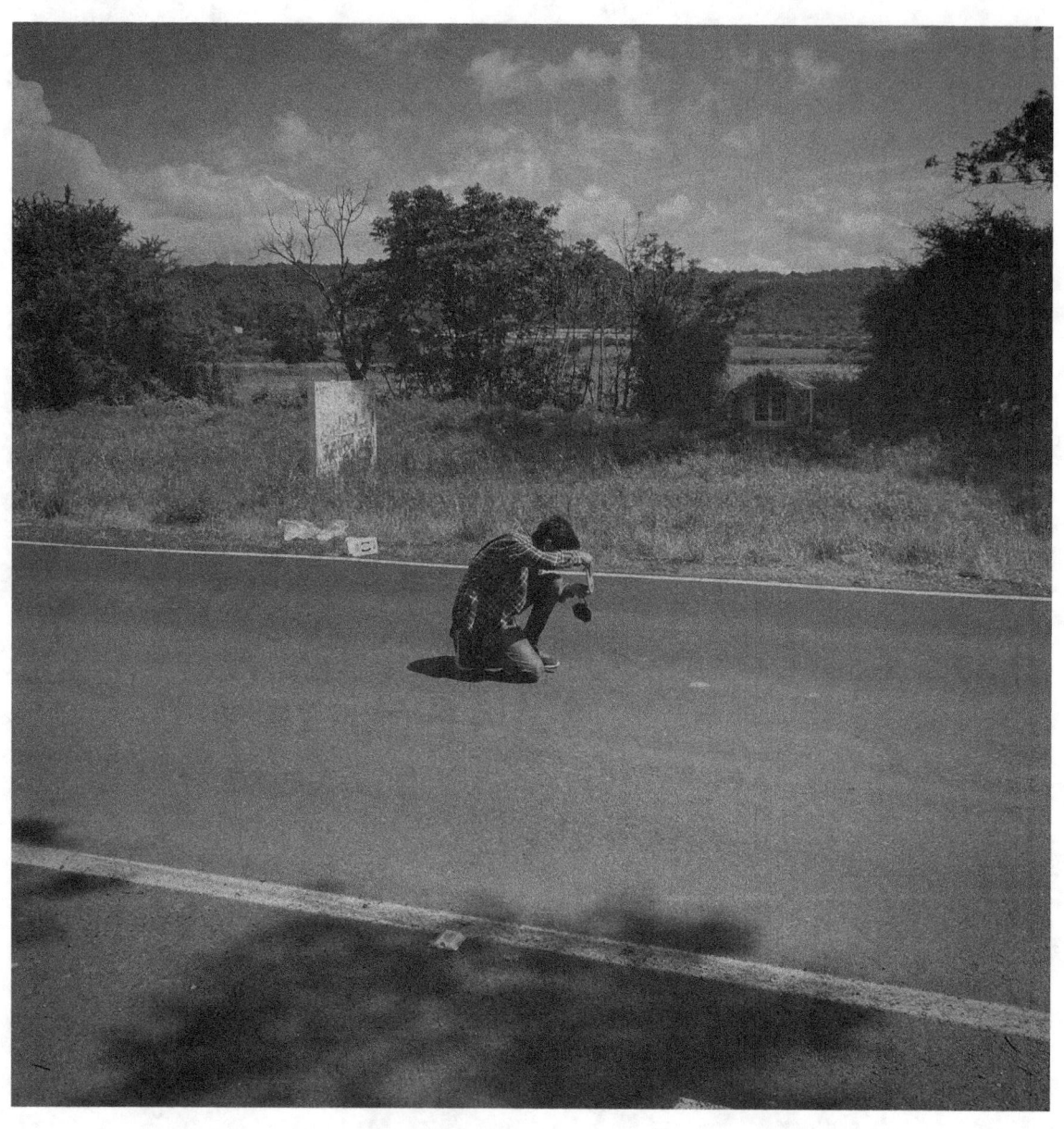

Carlitos pt.5. Capula, Michoacán

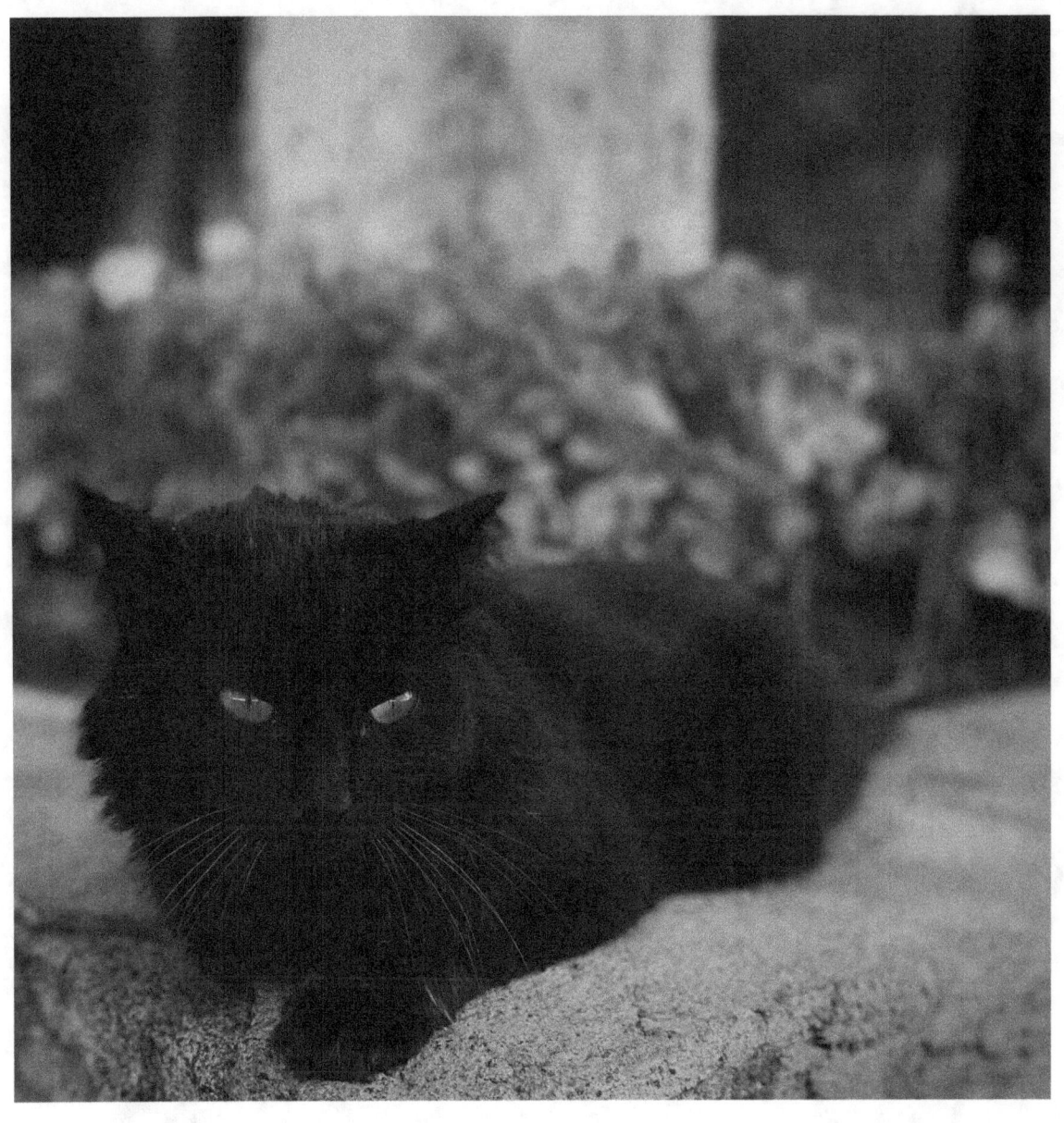

Sin título. Morelia, Michoacán

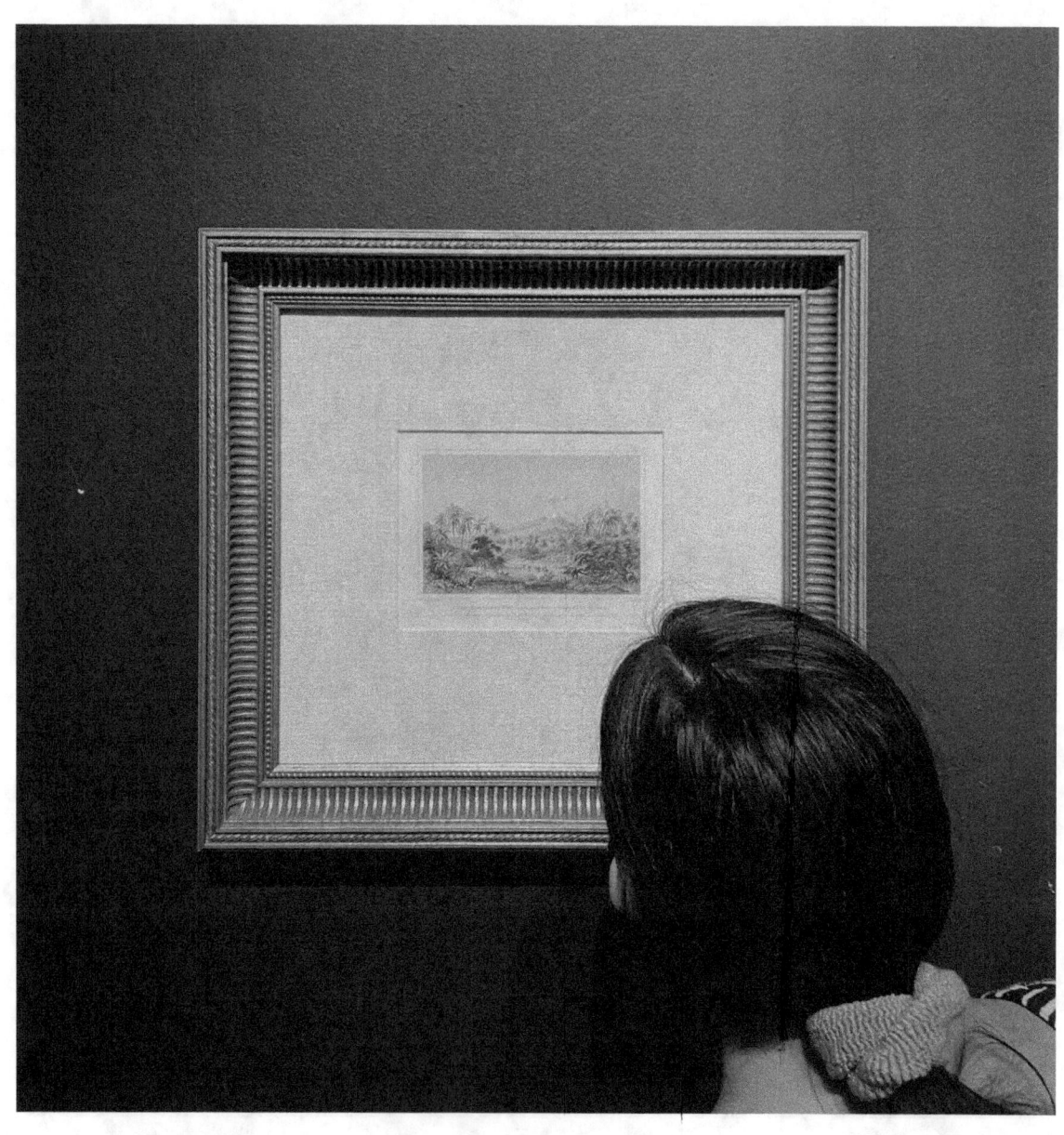

Volcán de Colima. Morelia, Michoacán

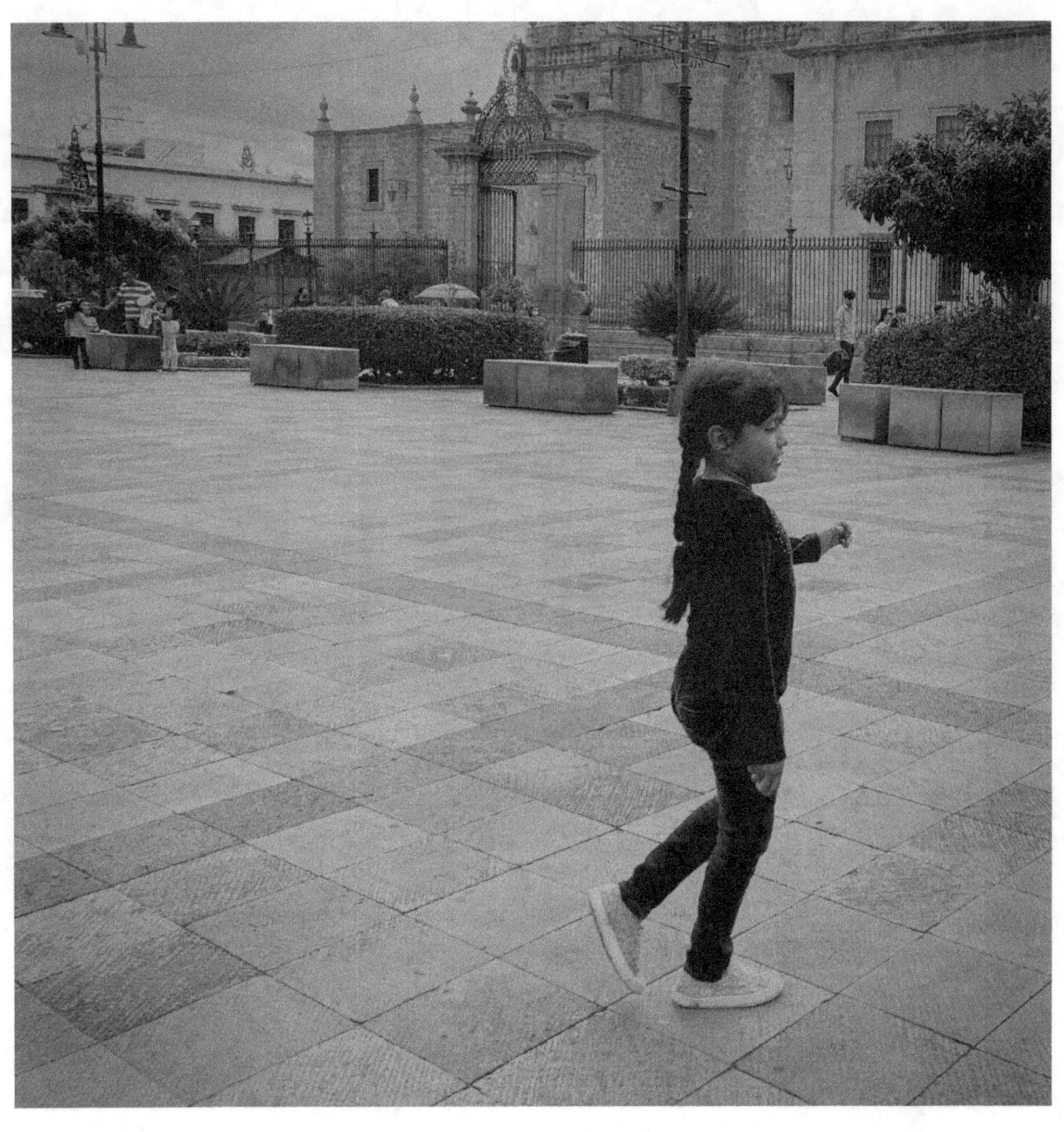

Sin título. Morelia, Michoacán

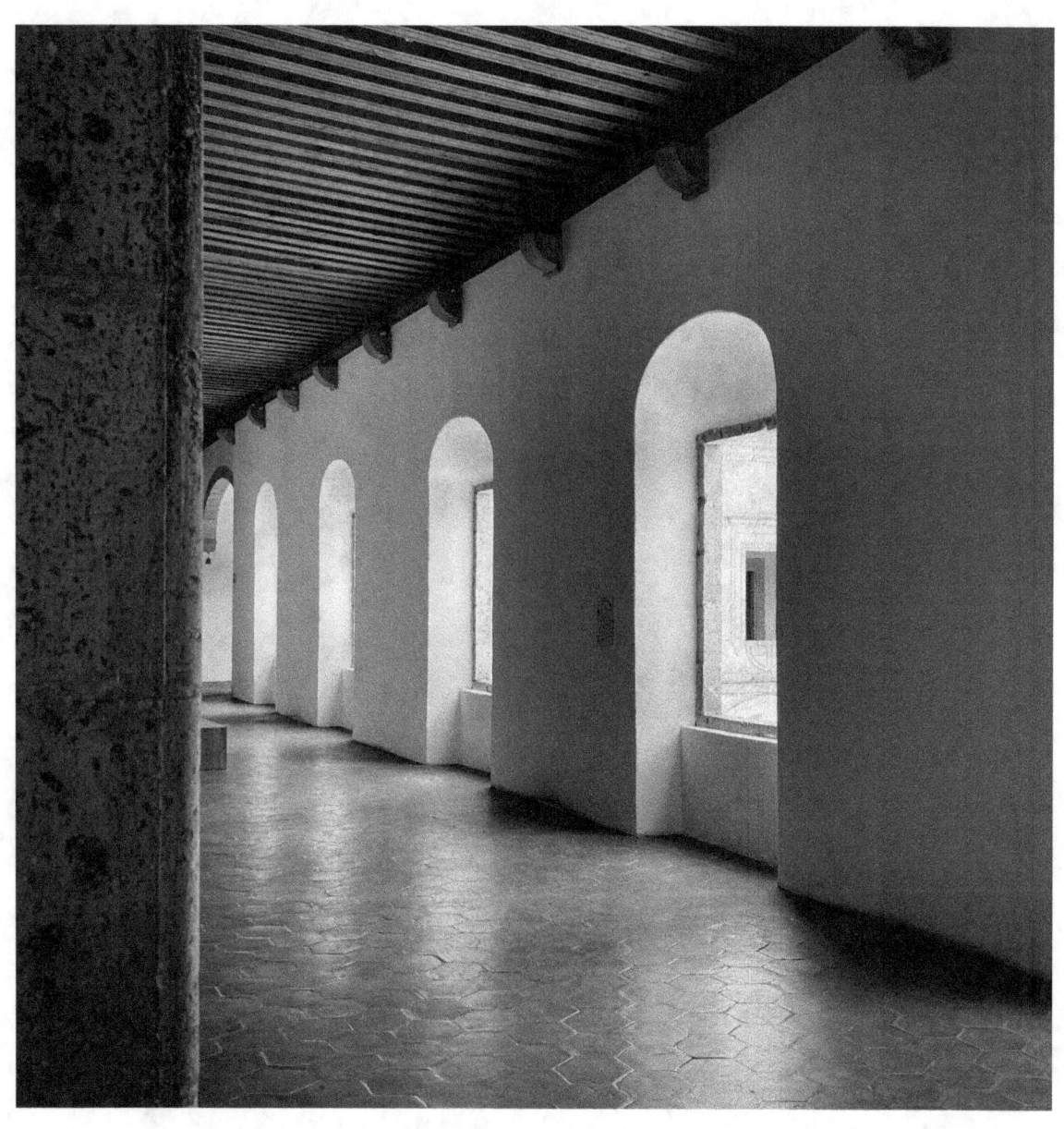

¿Qué hay detrás? Morelia, Michoacán

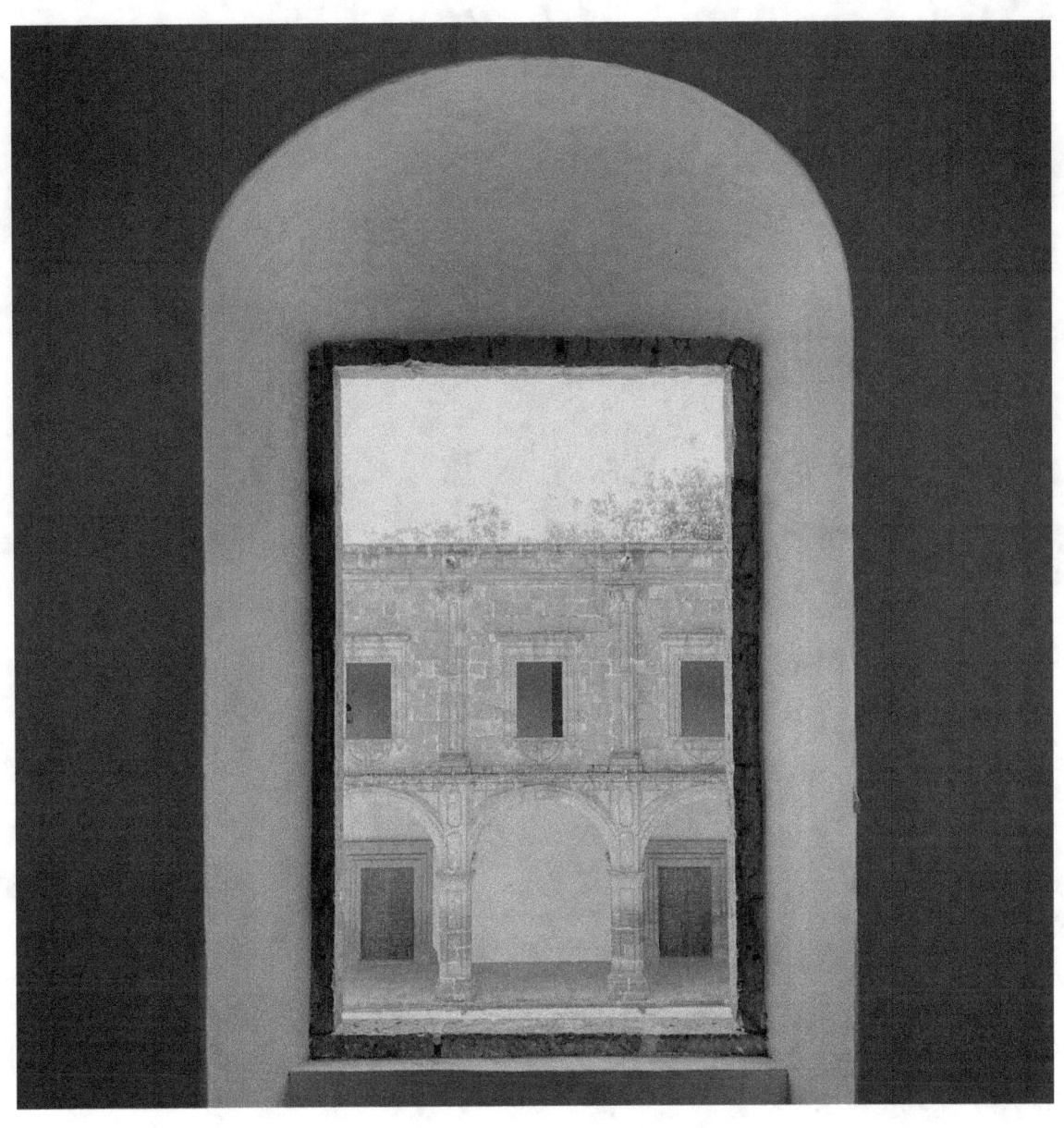

Libertad. Morelia, Michoacán

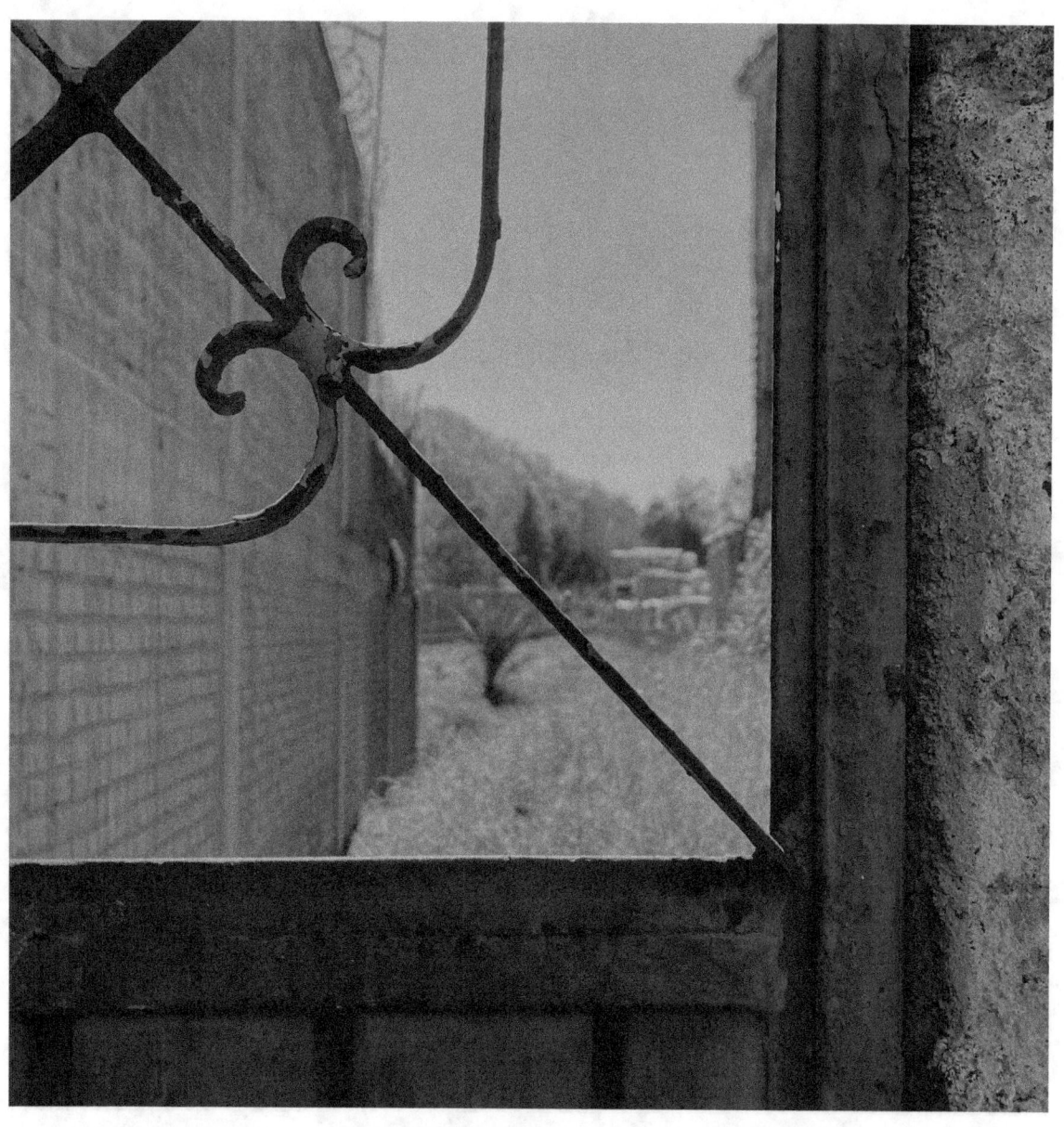

Sin título. Pátzcuaro, Michoacán

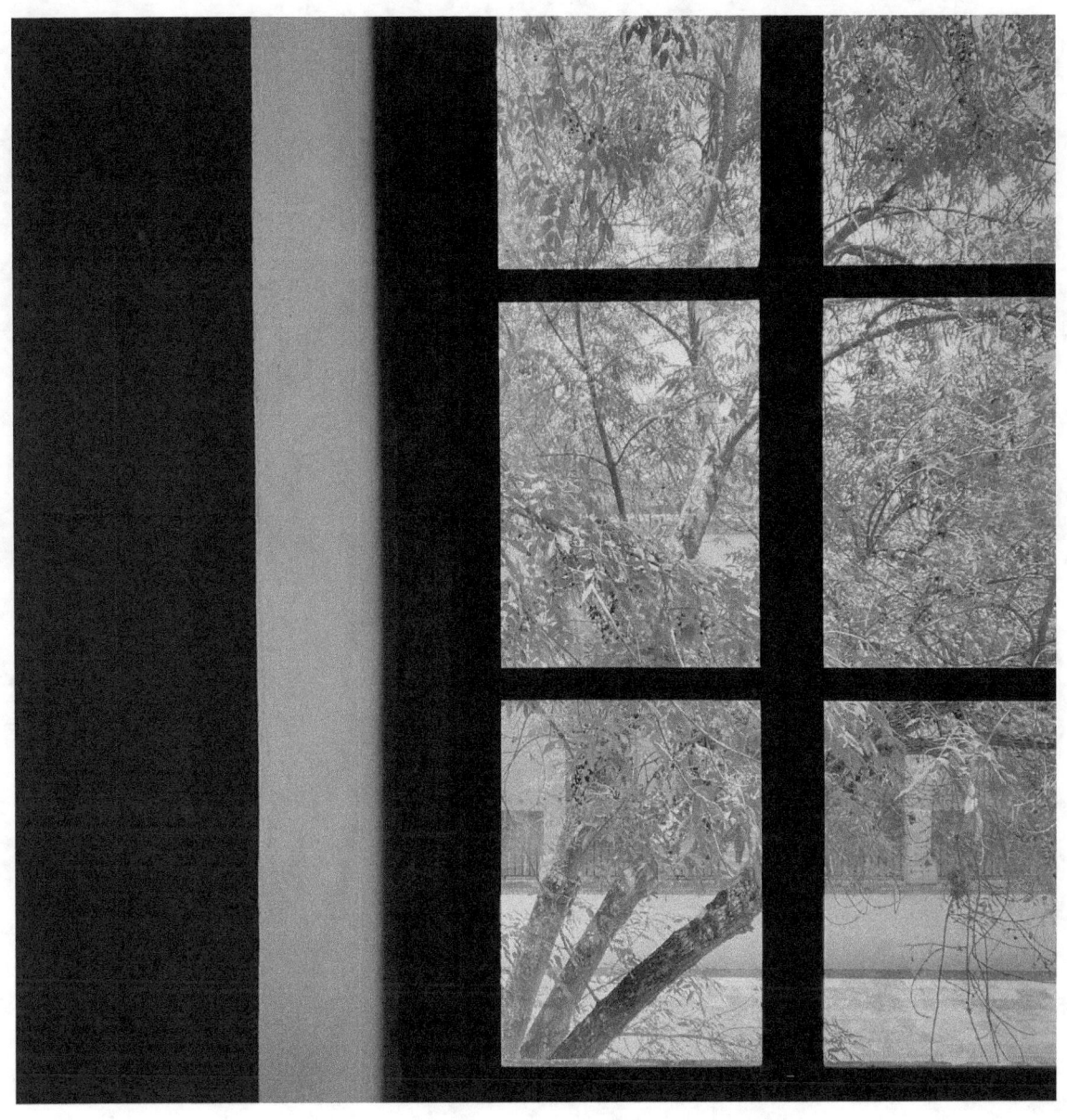

Sin título. Morelia, Michoacán

ESTÁS DONDE DEBERÍAS

La siguiente imagen se volvió, protagonista de esta historia; la paloma dejándome capturar el momento justo, donde estaba por reposar en la escultura. Este momento se volvió mágico para mí, abruptamente mi mente y corazón se dieron cuenta de lo feliz que estaba, de ver hasta donde he sido capaz de llegar, acompañado del pensamiento del futuro por venir.

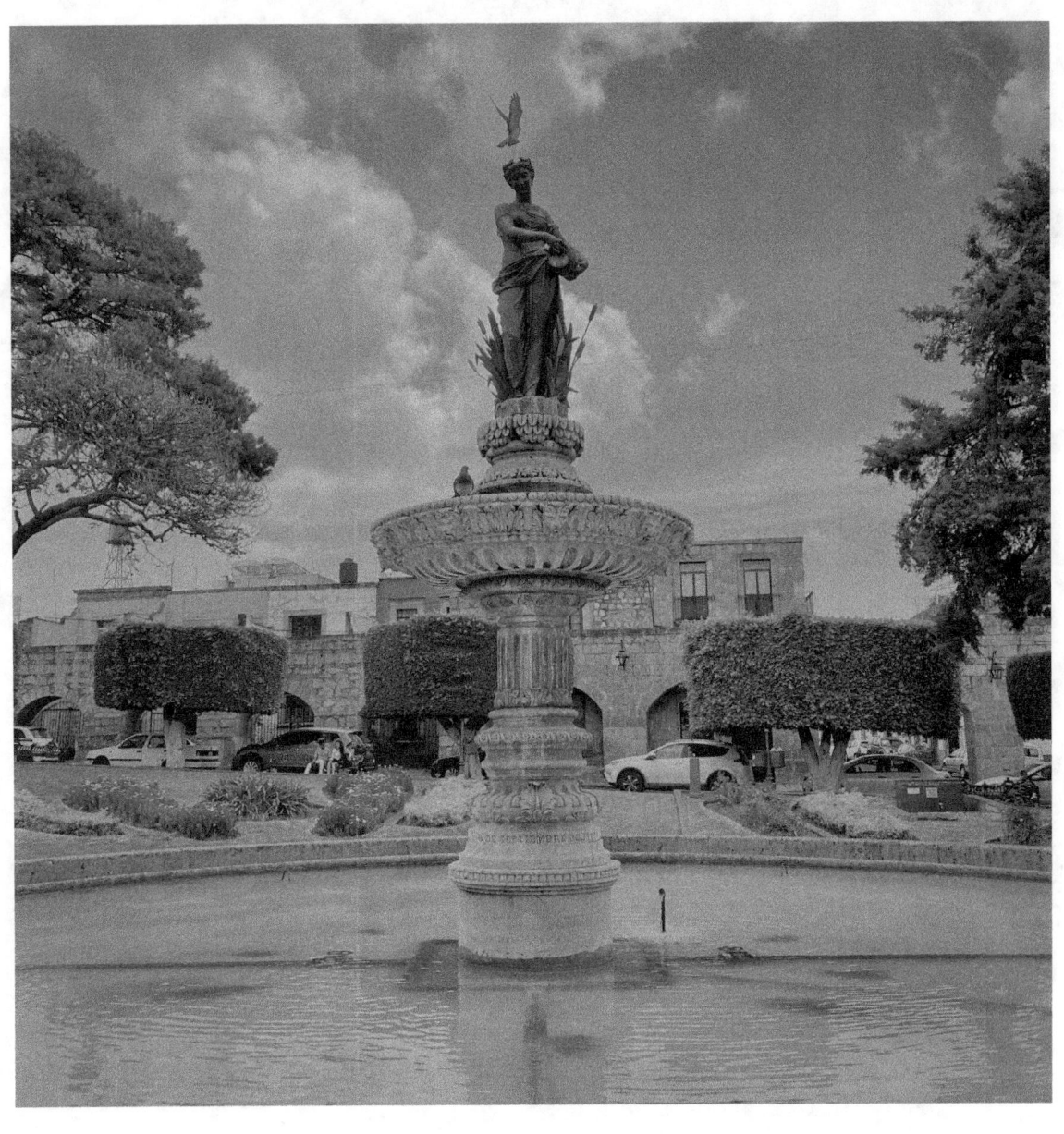

Aquí es. Morelia, Michoacán

www.ingramcontent.com/pod-product-compliance
Lightning Source LLC
Chambersburg PA
CBHW080536220526
45465CB00015B/2894